SURVIVRE, S'ADAPTER, RÉUSSIR DANS L'ENTREPRISE D'AUJOURD'HUI

William Alexandre

Survivre, s'adapter, réussir dans l'entreprise d'aujourd'hui

Et si être salarié en temps de crise
était la chance de votre vie ?

Great Midlands
PUBLISHING

william-alexandre.com

Sommaire

À tous ceux qui m'ont aimé, aidé, soutenu.

À tous ceux qui m'ont détesté, enfoncé, humilié, trahi.

Sans vous, je n'y serais jamais arrivé.

Merci à tous.

Introduction

Êtes-vous heureux d'aller au travail tous les matins ? Si c'est le cas, vous faites partie d'une heureuse minorité. Récemment, j'ai en effet lu un article édifiant : une étude a montré que pour plus de 9 salariés sur 10, la réponse était NON. Mais a-t-on besoin d'études ou de statistiques pour se rendre compte d'une réalité qui touche la plupart d'entre nous, personnellement ou au travers de notre entourage ?

Mais alors, qui est heureux d'aller au travail tous les matins ? Qui peut être heureux d'aller galérer pour un salaire qui, une fois payés les impôts, les mensualités de crédits, les factures, les frais d'éducation des enfants... ne laisse plus grand-chose pour soi-même ? Qui peut être heureux d'aller passer chaque jour du temps avec des gens que l'on n'apprécie pas forcément, des patrons parfois ingrats et qui entretiennent pour certains un stress toxique à leurs fins ? Qui peut être heureux de devoir faire profil bas, de perdre une partie de sa personnalité, de renoncer à sa dignité parfois, par peur de perdre son bonus ou de se retrouver au chômage ?

Le chômage. Cette épée de Damoclès qui peut frapper n'importe qui, n'importe quand, les bons comme les mauvais, les plus travailleurs comme les plus paresseux, les plus loyaux comme les plus lâches. Cette épée de Damoclès qui vous rend incapable de faire face à vos obligations financières, vous exclut du cercle des gens établis, vous exclut de vos amis, parfois de votre famille, et qui parfois peut vous faire perdre pied jusqu'à vous détruire intérieurement.

Nombre de personnes autour de moi ont connu le chômage. Des employés, des techniciens qualifiés, des ingénieurs, des dirigeants de grands groupes cotés. Des cancres à l'école, comme des premiers de classe. Des sans-diplôme comme des diplômés des plus prestigieuses écoles de la planète. Des salariés de petites entreprises, comme des salariés de grands groupes « too big too fail ». Des jeunes et des plus anciens. Aucun salarié n'est à l'abri du chômage. Aucun.

Le risque est d'autant plus grand que l'âge avance et que la concurrence mondiale s'intensifie. Peu de gens savent par exemple que grand nombre de projets d'ingénierie (routiers, ferroviaires, ...) sont dorénavant réalisés dans des pays comme l'Inde, la Tunisie ou l'Europe de l'Est... L'intelligence artificielle, elle, progresse à grands pas et menace ceux d'entre nous dont le travail, qualifié ou non, tend à être répétitif. Les états fauchés et les systèmes de retraite déficitaires imposent de travailler plus longtemps. D'accord. Mais comment faire lorsque les entreprises cherchent à se défaire des plus de 50 ans pour recruter des jeunes ? Et les jeunes aussi auront 50 ans...

Comment est-ce possible de profiter pleinement de sa vie en étant salarié ? Comment gagner en sérénité, en confort et en indépendance ?

Certes, la solution idéale est d'être indépendant financièrement. Certains ouvrages à ce sujet sont excellents et contribuent à changer positivement la vie de ceux qui les lisent. Dont la mienne au passage.

Mais voilà, la solution idéale n'est pas si évidente à mettre en œuvre. D'abord, créer son business n'est pas pour tous. Il faut avant tout avoir une idée susceptible d'être économiquement viable : ce n'est pas évident.

Il faut ensuite avoir un capital. Mais comment faire quand l'épargne du ménage représente au mieux quelques années de salaire et que toute une famille devra vivre dessus si le chômage ou un imprévu frappe ? Comment risquer de compromettre l'éducation des enfants ? Comment dégager une marge d'épargne importante lorsqu'il faut faire face aux impôts, aux charges financières et familiales ?

Il faut également du temps. Mais où le trouver lorsque l'on travaille sept ou huit heures par jour, en passant deux heures dans les transports ou la voiture, en devant participer à la vie de famille ? Le temps libre durant le week-end est déjà bien souvent limité pour sa famille et encore plus pour soi-même.

Il faut également un déclic et de la chance. Certains ont un déclic à vingt ans, d'autres à cinquante et d'autres jamais. Quant à la chance, elle n'est malheureusement pas toujours là au bon moment...

Enfin, il faut du courage. Le courage de surmonter ses peurs, parfois ancrées profondément comme la peur de l'échec ou du regard des autres, le courage de lutter contre ses démons intérieurs ou ses convictions limitantes, le courage (ou l'inconscience) d'accepter de perdre le peu que l'on a.

Gagner son indépendance est plus facile à dire qu'à faire et, pour beaucoup, le salariat reste (malheureusement) la seule option envisageable.

Mais alors comment fait ce salarié sur 10 heureux d'aller travailler tous les matins ?

Laissez-moi vous raconter brièvement l'histoire d'un brave type que je connais bien.

Il était issu d'une famille de la classe moyenne. Ses parents étaient employés de banque. Il a eu une enfance relativement heureuse sans être trop gâté. Il était plutôt timide, complexé et se renfermait sur lui-même. Il se sentait plus à l'aise avec un ordinateur qu'avec les filles qui à la fois l'attiraient, mais aussi l'intimidaient. Il n'avait pas l'assurance de certains autres garçons, mauvais garçons qui fascinent les filles à l'adolescence et rendent envieux les autres.

À l'école, il était moyen, voire plutôt mauvais dans certaines disciplines comme la chimie ou les sciences physiques. En sport, c'était même un cas sans espoir. Il éprouvait cependant de l'intérêt pour les sciences économiques, l'histoire, les mathématiques et se sentait attiré par des études universitaires d'économie. Pourtant, ses professeurs et les conseillers d'orientation le laminaient en lui répétant qu'il n'était pas fait pour les études, qu'il devait envisager un parcours court et travailler rapidement.

D'un naturel entêté, il a quand même intégré une université d'économie et a passé des nuits à rattraper son retard. Après 2 ans, il intégrait la plus prestigieuse université d'économie et de gestion du pays. Quelques années plus tard, il en ressortait avec un master en finance et un master en économie.

Sa carrière ne commença pas trop mal, mais il connut rapidement le chômage. Il se rendit compte que ses diplômes n'étaient pas une protection et que la concurrence était féroce. Il partit ainsi pour Londres, travailler pour un prestigieux groupe financier britannique et connut à nouveau 5 ans après le chômage. En parallèle de petits boulots alimentaires, il tenta de lancer son affaire sur la base des compétences qu'il avait acquises mais sans succès. Il se sentait plus loser que jamais, prêt à tout laisser tomber.

Il se résigna alors à chercher un nouvel emploi et fut recruté comme cadre supérieur dans l'une des plus importantes sociétés d'ingénierie mondiales. Après un an, une major pétrolière lui offrit un poste en Suisse, triplant dans sa foulée sa rémunération.

4 ans après, cette société lui offrit un poste à son siège mondial, triplant à nouveau sa rémunération.

En 6 ans, ce brave type avait multiplié par 9 une rémunération de cadre supérieur, alors qu'il avait connu des mois au salaire minimum et les allocations chômage. Entre-temps, il avait contribué, au sein de cette major pétrolière à générer plus de 300 millions de dollars...

Ce brave type n'était plus un loser. Il n'était plus un coût, une charge pour ses employeurs. Il s'était mis à rapporter plus, beaucoup plus, qu'il ne coûtait. Il n'était plus un coût, une charge, mais un investissement (très) rentable. Il n'était plus un loser, mais un expert reconnu dans son domaine pour son expertise et son leadership, n'économisant plus 40 dollars sur sa facture de chauffage, mais facturant chaque jour plus de deux mille dollars.

Ce brave type, vous vous en doutiez probablement, c'est moi.

Dans ce livre, je ne veux pas vous vendre des rêves. Tout simplement parce que je n'en ai pas à vendre. Je ne vous vendrai pas non plus une recette miracle. Pour la même raison. Non. Dans ce livre, je veux juste partager avec vous les leçons fondamentales que j'ai tirées de mon parcours, et qui ont marché, parce que je ne souhaite à personne de connaître le chômage, de subir la peur qu'il engendre et les souffrances associées.

Aujourd'hui, je ne vis plus dans la peur du chômage et suis un salarié heureux, vivant confortablement, chaque jour un peu plus. Non seulement j'ai appris à me protéger du chômage, mais aussi à me sentir utile et heureux en tant que salarié.

Ces leçons fondamentales que j'ai tirées de mon expérience personnelle, je veux les partager avec vous. Je vois trop de personnes, peu importe le grade, les diplômes, le salaire ou l'expérience, qui ne sont pas heureuses en entreprise et ce spectacle est difficilement supportable. Il l'est d'autant plus que je l'ai vécu, que les grandes tendances de notre économie et de notre société poussent vers de plus en plus de précarité durable.

Combien, pourtant animés d'un bon fond et d'une bonne énergie, ont perdu cette énergie au fil des années passées en entreprise ? Combien sont démotivés par le manque de reconnaissance, de respect de la part de leur hiérarchie ? Combien sont démotivés par le laisser-aller de certains collègues qui ont compris qu'en en faisant moins ils auront autant, sinon plus ? Combien aimeraient aller voir ailleurs si l'herbe est plus verte ? Mais les prés manquent cruellement et il faut souvent faire avec, quitte à y laisser une partie de ses valeurs.

J'ai lu des livres, regardé des vidéos et échangé avec des « coachs », des « experts », des professionnels du développement personnel, de la gestion de carrière qui, pour la plupart, n'ont jamais été autre chose que des coûts pour leurs employeurs passés. Certains parlent même de survie en entreprise quand ils n'ont jamais travaillé en entreprise ni généré le moindre centime pour une entreprise ou même sont au chômage... Quand vous êtes performants, que vous rapportez de l'argent, voire beaucoup d'argent, votre employeur en règle générale vous garde et cherche par tous les moyens à vous garder. Quiconque est sensé ne transforme pas une poule aux œufs d'or en nuggets...

Ce sont ces faux experts qui m'ont également décidé à écrire ce livre. Les mots de ce livre sont tirés d'un succès réel. Pas le succès d'un autre. Le mien. Uniquement le mien.

C'est le sentiment de vouloir me sentir utile qui a été mon moteur pour écrire ces lignes. Cela fait du bien se sentir utile, de pouvoir raconter son histoire en espérant qu'elle sera profitable à ceux qui la lisent. Qui n'aime pas raconter des histoires vécues à ses enfants en espérant qu'ils en apprendront quelque leçon de vie utile ?

Aussi, j'espère que mon expérience vous sera utile, que ce livre vous aidera à gagner en bien-être dans votre activité professionnelle.

Pour en faciliter la lecture, je l'ai structuré en plusieurs parties, chacune étant un préalable requis pour la suivante. Tout d'abord, il faut clarifier ce qu'est l'entreprise et éliminer une fois pour toutes les mythes et légendes qui causent tant de déception. Il faut voir et accepter la réalité telle qu'elle est sous peine de désillusions sévères.

Ensuite, il est important d'avoir un profil fort. Un profil fort associe des savoir-faire, des techniques, des expériences, mais aussi un ensemble de valeurs humaines fortes, des savoir-être et un état d'esprit particulier.

Une fois que vous avez un profil fort, ou commencez à l'avoir, il est temps d'agir. Je dis bien agir, pas souhaiter, rêver, supposer ou fantasmer. Mais agir n'est pas suffisant : il faut bien agir. C'est pourquoi nous passerons du temps sur le choix des actions à mener et comment les mener. Des actions bien étudiées, bien ciblées, bien exécutées aboutissent presque toujours au succès. En suivant ces principes, très peu de mes actions ont échoué. J'en limite le nombre, en général peu, mais concentre toute mon énergie sur celles que je cible.

Néanmoins, ce succès est fragile et il faut savoir l'exploiter. Sinon, un autre le fera pour vous et en général vous vous en rendrez compte trop tard. Je partagerai donc avec vous mes principes et mes astuces pour non seulement exploiter les succès accomplis, mais aussi capitaliser dessus.

Enfin, j'évoquerai avec vous l'indépendance financière. Pour certains, c'est une réalité. Pour d'autres, un idéal sublimé ou un rêve inatteignable. Si tout le monde en rêve, c'est parce que l'indépendance financière est le seul moyen de se débarrasser de l'épée de Damoclès du chômage. C'est le seul moyen de choisir de travailler ou non, pour quoi, pour qui et comment.

Mon expérience m'a appris à survivre en entreprise et à être épanoui dans mon travail. Mais mon expérience, en aidant mon employeur à générer des millions de dollars supplémentaires par an, m'a indirectement permis de multiplier par neuf ma précédente rémunération. Ce supplément de revenu, même en vivant mieux, me permet de dégager une capacité d'épargne importante et peu à peu d'acquérir mon indépendance financière. En apprenant à survivre et à progresser dans l'entreprise, une passerelle s'est spontanément créée entre ma situation et l'indépendance financière. Chaque année, je progresse un peu plus de quelques mètres sur cette passerelle. Ce qui me semblait inatteignable 10 ans auparavant l'est finalement devenu de manière plutôt simple et naturelle.

Mon expérience m'a redonné goût au salariat, j'ai repris le contrôle de ma vie et aujourd'hui, sans effort particulier, je me dirige vers cette indépendance financière dont chacun rêve, comme poussé par un courant à la fois énergisant et apaisant. En partageant avec vous les leçons fondamentales que j'ai pu tirer de mon expérience, j'espère que vous aussi vous vous épanouirez dans votre travail et tomberez dans ce courant agréable qui vous entraînera vers l'indépendance financière.

1.
L'entreprise : un pour tous, chacun pour soi

Un grand nombre de personnes se fait une image souvent très subjective de l'entreprise, soit idéalisée soit diabolisée. Pour réussir une stratégie personnelle, il faut bien connaître l'environnement dans lequel vous allez évoluer. Cela veut dire considérer à froid les faits, les analyser avec la raison, et non avec des suppositions, des rêves ou des émotions, sous peine de sérieuses déconvenues.

Éviter ces déconvenues est essentiel. Vous finirez probablement par souffrir d'avoir idéalisé un environnement bien plus dur que vous ne l'imaginiez. Inversement, vous pourrez vous sentir frustré d'avoir diabolisé, fui ou sous-estimé le potentiel d'un environnement plus que riche en opportunités.

Par ailleurs, il vous faudra travailler et garder vos valeurs humaines, ce qui fait de vous un homme ou une femme, dans un environnement qui parfois pousse les personnes à renier tout ou partie de leur humanité. Garder à l'esprit la dure réalité de l'environnement dans lequel vous évoluez vous permettra non seulement de préserver mais aussi de développer ce qui fait de chacun de nous un être humain à part entière.

Nous allons donc dans cette première partie planter le décor tel qu'il est et rappeler quelques fondamentaux utiles.

1. 1.
Une entreprise a pour but le profit, pas le social

Une entreprise est, par définition, une entité juridique dont le but est de faire du profit ou des économies. Rien d'autre.

À partir de là, il faut garder les pieds sur terre. Ce n'est pas un club d'amis, ce n'est pas une grande famille, ce n'est pas une organisation sociale qui vous doit quoi que ce soit sans contrepartie de votre part.

Votre relation est simple avec l'entreprise. C'est votre contrat de travail. Vous travaillez un certain nombre d'heures, pour une mission donnée. En contrepartie vous percevez un chèque. C'est tout. Ni plus ni moins.

Gardez toujours ceci en tête, quels que soient votre poste, votre grade ou votre niveau de rémunération. Vous ne devez rien d'autre à l'entreprise que ce que vous avez accepté dans votre contrat. L'entreprise ne vous doit rien d'autre que ce qu'elle a accepté dans le contrat.

Votre contrat de travail est un deal. Et tout bon professionnel se tient au deal signé.

C'est la règle de base.

1.2.
Vous n'êtes pas indispensable

Hormis certains cas exceptionnels, l'entreprise existait avant vous. Elle peut exister et fonctionner sans vous. Elle existera et fonctionnera sans vous d'ailleurs. De l'ouvrier au directeur général, en passant par les ingénieurs ou les comptables, tout le monde peut être remplacé. Tout le monde.

Vous pensez que vous savez faire des choses particulières ? Vous pensez que l'organisation que vous avez mise en place vous rend indispensable et que sans vous tout sera bloqué ? Ne vous inquiétez pas. Vos collègues sauront s'adapter et si le travail ne sera peut-être pas aussi bien fait, il sera fait. Vous ne causerez qu'une petite gêne de quelques semaines, voire de quelques mois tout au plus.

Regardez autour de vous. Est-ce que l'entreprise s'arrête quand quelqu'un prend sa retraite, démissionne, part en congés maternité ou est en arrêt maladie ? Bien sûr que non. Après votre départ, il n'est pas rare qu'un petit groupe de vautours vienne même dépecer ce qui reste sur votre bureau. Agrafeuse, écran... : ce qui peut être utile est pris. Et qui se souvient qui était à cette place il y a 3 mois ? Comment s'appelait cette personne ? Pas grand monde.

Par contre en tant que salarié, c'est plutôt l'entreprise qui vous est indispensable. Car sans elle, pas de salaire.

1.3.
Moi d'abord, les autres après

Qu'on le veuille ou non, la nature humaine est égoïste. Le mot n'est pas péjoratif. Avant de penser au bien-être de ses collègues, on pense bien évidemment au sien et à sa survie personnelle.

J'ai connu des situations de crise où des plans sociaux étaient organisés. Soudainement, les collègues amicaux d'hier se sont transformés en redoutables concurrents sans pitié, allant jusqu'à faciliter les erreurs de leur voisin pour que celui-ci parte en premier, à leur place. Le sympathique manager paternaliste devenait un chasseur de scalps éliminant un à un chaque membre de son équipe. L'esprit d'équipe, tant prôné et immortalisé par les photos des team buildings, avait laissé place à la loi de la jungle la plus féroce que l'on pouvait imaginer. Tous ceux qui ont vécu des plans sociaux savent de quoi je parle.

Vous devez donc penser à vous en premier. Et il n'y a pas de honte à avoir. Si vous avez des scrupules, pensez-vous que vos collègues penseront à votre bien-être avant le leur ?

Nous verrons plus loin dans ce livre que, même si vous devez penser en premier à vous-même, sans faillir à cette règle, votre succès en entreprise dépendra grandement de votre capacité à faire non seulement converger vos intérêts avec ceux de l'entreprise, c'est-à-dire le profit, mais aussi à les faire converger avec ceux de vos collègues.

1.4.
Vous servez vos patrons avant tout

L'entreprise est une personne morale. Elle ne pense pas, ne prend pas de décision, ne recrute pas, ne promeut pas, ne licencie pas. C'est une entité juridique qui n'existe que sur le papier au registre du commerce.

Votre patron, lui, peut influencer voire décider d'un recrutement, d'une promotion ou d'un licenciement. Son patron peut faire de même avec lui. Le comité exécutif est également nommé, ou remercié par les actionnaires et ses bonus sont décidés par le comité des rémunérations.

Tout le monde a donc un patron. Vous dépendez du vôtre qui lui-même dépend du sien et ainsi de suite.

L'un des piliers du succès de votre carrière sera d'apporter à vos patrons ce qui les valorisera auprès des leurs. Il vous faudra faire en sorte de valoriser chaque niveau hiérarchique au-dessus de vous, jusqu'aux dirigeants et actionnaires. Tout ceci sans se faire avoir bien entendu.

Car la gratitude est quelque chose qui n'est naturel ni en entreprise ni en politique. C'est même rare. Il vous faudra ainsi veiller aux coups bas, aux fausses promesses, au risque d'appropriation de votre travail par votre patron. Et pas seulement.

Nous passerons donc du temps dans ce livre pour vous aider à apporter cette valeur ajoutée à votre chaîne hiérarchique, tout en vous valorisant et gérant les risques associés. Il est fondamental de réussir cette étape. Sans elle, vous augmentez sensiblement non seulement les risques liés à votre survie, mais aussi éliminez quasiment toute chance de progression efficace.

Enfin, n'oubliez pas ce vieil adage : ne mordez pas la main qui vous nourrit.

1.5.
Vous êtes entouré d'ennemis plus que d'amis

L'entreprise, c'est une jungle moderne. Le danger est partout. Pourtant, il semble absent. Cet environnement feutré, ces gens aimables et souriants, ces règles éthiques, ces procédures, ce patron attentionné qui vous demande régulièrement des nouvelles du petit dernier véhiculent en effet une image sécurisante de confort. Cette image n'est qu'une perception, une illusion qui ne doit jamais faire oublier les dangers qui règnent dans l'entreprise, et qui vous menacent en permanence.

La nature humaine est ce qu'elle est, et vous ne la changerez pas. Chacun possède ses bons côtés et sa face plus sombre. Il faut juste composer avec et, surtout, ne pas se faire d'illusions.

Cela implique que les personnes autour de vous au bureau sont normales, malgré la diversité de leurs profils. La plupart ne vous jugeront pas de manière rationnelle, mais sur la base des émotions qu'elles ressentiront à votre égard.

La jalousie est ainsi un puissant créateur d'ennemis au sein de l'entreprise. Vous avez obtenu le poste convoité par un autre ? Votre voiture ou votre épouse est plus belle ? Votre maison est plus grande ? Vos enfants réussissent à l'école ? Vous semblez heureux ? Alors vous avez de grandes chances que votre succès, votre bonheur agacent les esprits mesquins et envieux qui vous entourent. Votre équipe, vos collègues, votre ou vos patron(s) : n'importe qui peut être envieux de votre situation, et surtout n'importe qui peut habilement le dissimuler. Il vous faudra donc gérer les envieux, savoir les utiliser à bonne fin, gérer les risques associés (rumeurs, coquilles dans un dossier...) et les transformer en suiveurs. Nous y reviendrons plus loin dans ce livre.

La convoitise est un autre puissant créateur d'ennemis, très lié à la jalousie. La différence est que la convoitise n'est pas un simple sentiment comme la jalousie. La convoitise crée une cible que le convoiteur va chercher à atteindre au travers d'actions parfois inattendues. Quelqu'un qui convoite votre poste va ainsi faire son possible pour que vous y échouiez. Un supérieur en quête de succès peut convoiter le vôtre, si vous en avez.

Tout comme les jaloux, les convoiteurs peuvent être n'importe qui et porter un masque de personnage sympathique et de confiance. Là encore, vous pouvez transformer les convoiteurs en suiveurs, retourner leur puissance toxique en puissance positive. Et là encore, je vous expliquerai comment j'y parviens.

Les commères et autres porteurs de ragots peuvent également être une gêne voire un danger. À transformer également en suiveurs... mais aussi à utiliser plus tard pour votre propre communication. Nous y reviendrons.

Les planches pourries, les baratineurs, les fumistes, les mythomanes... sont dangereux seulement s'ils ne sont pas identifiés en tant que tels et si vous comptez sur eux. Leur inaction, souvent cumulée à une absence de compétences réelles, fait qu'il n'est pas possible de compter avec. Essayez juste de les repérer pour mieux les esquiver par la suite.

Dans certaines entreprises, vous trouverez des clans qui s'affrontent. Ne rentrez pas dans un clan. Il pourrait vous en coûter cher. Même si un clan tend à perdre du terrain au profit d'un autre, un revers de dernière minute empêchant le favori de gagner est toujours possible. Restez neutre. Servez de manière indifférenciée, avec le même professionnalisme, chacun des membres des 2 clans. Vous êtes un professionnel, pas un partisan et c'est ainsi que vous gagnerez la confiance de chacun des clans. Peu importe qui sera le gagnant au final.

N'oubliez jamais votre objectif : survivre et progresser.

Vos ennemis feront de leur mieux pour vous faire échouer. Votre temps et votre énergie sont précieux : ne les gaspillez pas dans des luttes inutiles, qui vous épuiseront à la longue et risquent un jour de vous être fatales. Gardez plutôt votre énergie pour les étapes suivantes et convertir vos ennemis soit en supporters, soit en suiveurs.

1.6.
Ce qui semble illogique ou idiot ne l'est jamais

Qui n'a jamais fait face à des situations rocambolesques en entreprise ? Que ce soit en tant que salarié, partenaire d'affaires ou client, chacun de nous a vécu des situations incroyables, voire délirantes, à l'origine d'éclats de rire mémorables.

Il arrive cependant que certaines situations incroyables aboutissent à des tragédies. Combien de dirigeants de haut niveau ont pris des décisions en apparence totalement illogiques, stupides, ayant conduit à la chute, voire à la faillite de leur entreprise ? Lorsque cela se produit dans un grand groupe, les commentaires vont bon train : comment une personne de ce niveau a-t-elle pu prendre une décision aussi inconsidérée ? Un peu comme les défaites militaires qu'il est facile de commenter 100 ans après sur son canapé...

Commenter ou avoir une opinion est chose facile. Aucune expérience ou compétence n'est requise. N'importe qui par conséquent en est capable. Mais comprendre précisément l'origine d'une situation, ou d'une action, demande plus d'efforts.

Toute situation, ou toute action, « stupide » est le résultat d'un cheminement logique. Elle est souvent la conséquence d'une information incomplète ou inexacte. Celui qui en est à l'origine, pour différentes raisons (manque de temps, manque de ressources, manque d'expérience...), n'a pas forcément toute l'information requise pour agir correctement. Un rapport ou un chiffre peut aussi s'avérer inexact. Parfois, les évènements n'offrent le choix qu'entre de mauvaises options et il convient dans ce cas de choisir la moindre.

Ces erreurs ont malheureusement souvent des impacts sur l'entreprise. Elles peuvent coûter du temps inutile aux salariés, elles peuvent transformer des investissements en pertes, elles peuvent faire perdre des clients et des prospects... Bref, elles coûtent de l'argent au final à l'entreprise. Et l'entreprise a pour but le profit.

Ces erreurs sont donc souvent d'excellentes opportunités à exploiter. Comprendre le mécanisme qui les a engendrées, chiffrer la perte ou le manque à gagner pour l'entreprise et y apporter une solution concrète vous feront marquer à coup sûr des points. Vous recevrez également le respect de tous ceux qui en ont souffert.

Conclusion : rien n'est idiot ou illogique. Si quelque chose paraît idiot ou illogique, regardez-y de plus près. C'est peut-être une opportunité pour vous.

1.7.
Le citron pressé

Que faites-vous quand vous pressez un citron ? Vous en consommez le jus puis le jetez.

Quand quelqu'un ne vous apporte rien sinon des problèmes, ou devient une gêne : que faites-vous ? En général, vous prenez vos distances.

C'est la même chose avec un salarié. Tant que vous avez du travail à faire, tant que vous contribuez à la richesse de l'entreprise, tant que vos patrons tirent avantage de votre travail, tant que l'entreprise se porte bien, vous êtes un citronnier. Ce qui est plutôt bon à court et moyen terme pour votre survie.

La situation est à l'inverse risquée si vous avez été recruté pour une mission et que celle-ci touche à sa fin. Votre charge de travail diminue ou tend à être transférée ailleurs ? Votre entreprise affiche des résultats qui se dégradent ? Vous êtes dans une unité ou un secteur en perte de vitesse ? Vous risquez d'être un citron pressé ou de faire partie d'un groupe de citrons pressés.

Le citron pressé a une espérance de vie limitée en entreprise. Et l'entreprise rend parfois aveugle. Certains citrons pressent d'autres citrons en oubliant qu'ils sont également des citrons...

Survivre en entreprise impose de fuir le statut de citron et encore plus celui de citron pressé.

Si certains aiment avoir le rôle de presseurs de citrons, et se sentent en sécurité dans ce rôle, personnellement, je ne l'ai jamais aimé pour 2 raisons. La première est que sur un plan humain, je ne me sens pas à l'aise dans ce rôle qui est contraire à mes convictions. La seconde est que, lorsqu'il n'a plus de citrons à presser, le presseur de citrons devient lui-même un citron susceptible d'être pressé à son tour.

Je préfère faire pousser un citronnier, mieux mettre en place une plantation de citronniers, où les personnes ne sont plus pressées, mais deviennent des cultivateurs. Vous apportez ainsi plus de valeur à l'entreprise, la concurrence interne devient une coopération et vos adversaires, profitant des résultats et de la sécurité que vous leur apportez, deviennent des suiveurs.

Depuis quelques années, je ne fais que planter des citronniers. Je ne l'ai jamais regretté. Ma plantation contribue chaque année à générer des millions de dollars, rend mes patrons satisfaits. Il y a des années, j'étais en concurrence. J'étais pressé comme un citron. Je le vivais plutôt mal et l'énergie que je devais déployer pour survivre m'a épuisé sur la durée m'envoyant jusqu'à l'hôpital. Aujourd'hui, je ne suis plus en concurrence, ne suis plus pressé et me sens serein. Je suis tranquille, dors mieux. J'ai plus de temps libre pour moi et pour ceux que j'aime.

1.8.
Une machine qui peut broyer les individus en profondeur

La répétitivité, le manque de sens, le manque de perspectives et d'évolution, la mise en processus des entreprises par des consultants souvent fraîchement sortis de l'école sont des facteurs qui peuvent rendre le travail ennuyeux, rébarbatif, lassant.

Si à cela s'ajoutent un management mesquin, peu reconnaissant ou pratiquant la division pour mieux asseoir son autorité, les tâches inutiles requises par les « bullshit jobs », le travail peut facilement devenir démotivant.

Dans certains cas, le harcèlement moral ou sexuel, le favoritisme, la mise en concurrence des salariés pour sauver leurs postes et la peur permanente du chômage peuvent rendre le travail infernal.

Certaines entreprises vont jusqu'à infantiliser leurs salariés, souvent expérimentés. Elles installent des baby-foot, organisent des séminaires incluant coloriages, jeux de briques, de ballons... Depuis quelques années, on voit même apparaître des Chief Happiness Officers, des psychologues du travail. C'est l'humiliation suprême pour un professionnel, quels que soient son métier ou son niveau hiérarchique, que d'être ainsi traité en enfant ou en malade.

Ennui, lassitude, démotivation, pression, peur, infantilisation : voici les ingrédients d'un cocktail destructeur de la personnalité. Un verre au quotidien et vous êtes sûr de finir en zombie, comme de nombreux salariés. Ces derniers jouent les caméléons, miment leur chef, exécutent des ordres stupides sans même essayer d'en discuter, font profil bas pour ne pas attirer l'attention sur eux. Adopter le profil « zombie » vous épuisera psychologiquement, humainement voire physiquement. Vous détruirez aussi votre vie privée et familiale par ricochet. Et là, préparez-vous à un séjour à l'hôpital ou à une descente en enfer.

Si vous lisez ce livre, c'est probablement que la vie de mouton au sein du troupeau, la perte de dignité, la vie dans la peur et l'humiliation ne sont pas votre choix. Cela n'a jamais été le mien non plus. La seule solution c'est d'agir pour ne plus subir, ou du moins agir pour subir le moins possible.

Ce cocktail destructeur j'y ai déjà goûté et l'ai immédiatement recraché, tant son amertume était insupportable. Dans certaines mauvaises périodes, j'ai même essayé de me forcer à l'apprécier, mais sans succès. Avec le recul, je ne regrette rien et mon choix semble porter ses fruits avec le temps. Ceux qui carburent à ce cocktail destructeur, le plus souvent, n'atteignent pas mes résultats. Quant au bonheur, mon but premier, ces amateurs d'amertume semblent avoir depuis longtemps fait une croix dessus.

Un bon professionnel doublé d'un bon leader n'a pas non plus besoin de servir ce cocktail autour de lui, ni même l'un de ses ingrédients. Au contraire, il préfère célébrer ses succès avec son équipe autour d'un bon repas et d'une bouteille de bon vin.

I.9.
Les opportunités sont partout

C'est comme ça depuis toujours et ça marche très bien ! Nous avons signalé le problème à la direction depuis des années, mais personne n'a jamais rien fait. C'est la faute de la crise. Les clients sont difficiles et retournent souvent les produits. Nous manquons d'effectifs. Nous n'avons pas les bons profils. Il faut réduire les coûts. Nos concurrents sont meilleurs que nous...

Ces phrases, et bien d'autres, nous les avons tous entendues au moins une fois. Pour la majorité, c'est l'expression du destin. C'est comme ça. Faisons avec. Après tout, ce n'est pas de ma faute, ce n'est pas à moi de régler les problèmes, je ne suis pas payé pour ça.

Pour vous qui souhaitez survivre et évoluer, cette montagne de fatalité est une mine d'or. Tous ces problèmes sont autant d'opportunités à saisir pour briller, être promu et augmenté.

Vous devez d'abord recenser ces problèmes et les lister. Laissez traîner votre oreille dans l'espace détente, discutez et déjeunez avec des personnes d'autres départements, échangez avec les managers notamment sur les difficultés qu'ils peuvent rencontrer avec votre propre département.

Une fois l'inventaire effectué, gardez-le pour vous. Ne le partagez pas.

Regardez chaque point de votre inventaire, un par un. Essayez d'évaluer l'impact financier de chacun des problèmes. Ce n'est pas si difficile, car dans une entreprise, tout se chiffre.

Par exemple un comptable perd beaucoup de temps à vérifier des opérations. Vous pouvez facilement connaître le taux horaire d'un comptable sur Internet. Si vous parvenez avec Microsoft Excel à faire une petite routine qui vérifie en partie les opérations, que le comptable économise ainsi 20 % de son temps, vous réduisez son temps gaspillé de 20 % et créez un gain de productivité de 20 % de son salaire. Les 20 % de temps pourront servir à autre chose et peut-être qu'il n'y aura plus besoin de recruter ce nouvel assistant comptable réclamé depuis des années.

Il y a quelques années, la baisse du prix du pétrole a imposé d'augmenter les volumes produits pour maintenir autant que possible le chiffre d'affaires. Malheureusement, il n'était pas possible d'augmenter la production sans investissement important, et ma société manquait de ressources pour investir. Je me suis souvenu d'une discussion ancienne avec l'un des directeurs techniques qui se plaignait des arrêts récurrents de la chaîne de production. C'est alors que je me suis dit : on ne peut pas produire plus, mais on peut peut-être produire mieux.

J'ai alors étudié les statistiques journalières de production par site, par pays. Avec l'aide d'ingénieurs et de techniciens sur le terrain (j'insiste bien, sur le terrain, pas au siège !), nous avons alloué le nombre de jours d'arrêts de production aux différents types de problèmes rencontrés. La perte associée était facile à chiffrer : volume produit par heure multiplié par le nombre d'heures d'arrêt multiplié par le prix de vente. Nous avons ensuite regardé les solutions simples et peu coûteuses à mettre en œuvre. Pour chacune, si elle était mise en place, quelle part des arrêts pourrait être évitée ? Au final, le gain de production était de plusieurs millions de dollars par an. Rapporté au coût des actions, le retour sur investissement allait de 300 % à 500 %. Notre petit groupe de travail avait plus que mérité son salaire, et nos résultats furent félicités par notre directeur général et plusieurs membres du comité de direction.

Certaines actions étaient incroyablement simples. Par exemple, certains boutons d'arrêts d'urgence étaient accidentellement activés plusieurs fois par an. La complexité de la chaîne de production faisait que celle-ci était à chaque fois bloquée entre 3 et 4 heures, soit un manque à gagner à chaque fois autour de 15 000 dollars. En 4 arrêts sur une année, le coût était de 60 000 dollars. En plaçant des petits caches sur les boutons, qui coûtaient chacun quelques dollars, le problème a disparu. Quelques dollars contre 60 000 dollars économisés par an, soit 300 000 dollars sur 5 ans, 600 000 dollars sur 10 ans... Des solutions simples et peu coûteuses peuvent ainsi s'avérer d'excellents investissements. Là encore, grâce à une communication astucieuse, les dirigeants ont eu écho de ce petit fait d'armes qu'ils ont su apprécier.

Revenons à votre inventaire des problèmes. Pensez-les bien et hiérarchisez-les en fonction :

– du montant en jeu (estimation)
– du nombre de personnes impactées par ce problème
– de l'importance de ce problème pour la hiérarchie (si personne n'est au courant de ce problème, il faudra s'arranger pour que ça change avec un bon plan de communication)

– de la complexité/facilité à mettre en œuvre des solutions (nombre de personnes à impliquer, difficultés techniques, obstacles internes...)

Vous commencerez à y voir plus clair et naturellement certains points retiendront votre attention. Peu à peu, le temps et la réflexion vous aideront à les décanter puis à griffonner des plans d'action.

Plus l'environnement de l'entreprise se durcit, plus les gens autour de vous sont fatalistes ou paresseux (voire les deux), moins l'organisation fonctionne et plus les opportunités se multiplient. Comme pour des champignons, vous n'aurez plus qu'à faire votre cueillette.

Vous devez être opportuniste. C'est impératif. J'aime ce mot et pourtant beaucoup de gens lui donnent une connotation injustement négative. Pourtant, c'est votre état d'esprit qui lui donnera de la noblesse.

L'opportunisme, au sens négatif du terme, c'est tirer profit d'autrui, à son détriment. C'est un opportunisme prédateur, malsain, minable.

L'opportunisme, au sens positif du terme, comme je l'entends au quotidien, c'est exploiter des failles, des problèmes au profit du plus grand nombre, sans porter préjudice à quiconque. Dans mes deux exemples précédents, l'équipe du projet a tiré bénéfice de la situation, y compris des personnes jusque-là peu visibles dans l'organisation, les équipes de production ont augmenté leurs résultats au-delà du prévisionnel et au passage ont réduit un certain nombre de soucis. Les dirigeants ont pu afficher fièrement un chiffre d'affaires en hausse et des investissements rentables. Quant à moi, à l'origine de l'initiative, j'ai pu apprécier la reconnaissance des dirigeants du groupe, mais aussi celle de personnes qui, lors de mon recrutement, ne me voyaient que comme un gratte-papier supplémentaire.

Cet opportunisme-là ne nuit à personne, au contraire. Il est bon pour le grand nombre et l'intérêt général. Il encourage l'initiative, apporte des résultats tangibles à l'entreprise, de la reconnaissance pour certains qui n'en avaient plus reçue depuis longtemps. Les sceptiques et les critiques à votre sujet deviennent des alliés, des suiveurs. Dans tous les cas, ces derniers hésiteront à l'avenir à vous attaquer et chercheront d'autres cibles plus faciles.

Cet opportunisme positif redonne aussi du sens au travail. Il redonne du goût au travail.

Soyez donc systématiquement opportuniste, toujours dans le bon sens du terme. Soyez en permanence à la recherche d'opportunités à concrétiser. 2 à 3 bonnes opportunités par an, bien menées, vous conduiront au succès et votre réputation ne sera plus à faire.

1.10.
No pain, no gain

Cette phrase, personne ne l'aime. Gagner de l'argent, être indépendant, quand on veut, comme on veut, sans rien faire, cela fait rêver. Je fais d'ailleurs personnellement partie des joyeux candides qui achètent des grilles de loterie en espérant décrocher un jour le gros lot, au grand bonheur des actionnaires de la loterie et de l'État.

La vie n'est pas simple, nous le savons tous. Les épreuves sont plus nombreuses que les moments de pur bonheur. Et souhaiter, espérer, rêver sont des choses normales présentes en chacun de nous. Nous avons besoin d'espoir, de rêve.

Mais attendre que les rêves se matérialisent sans rien faire, cela revient à attendre de gagner les 50 millions de la loterie sur le canapé. Cela peut marcher, certes, mais vous admettrez aisément que la probabilité est plus que faible.

Survivre en entreprise implique des efforts. Progresser, encore plus. Vous devez être prêt à apprendre, désapprendre, remettre en cause certaines convictions, affronter votre peur et vos doutes, affronter les mots décourageants de votre entourage. Vous aurez des périodes d'euphorie, des moments de doute, des moments de découragement. C'est normal. C'est le lot commun de tous ceux qui veulent réussir et de tous ceux qui ont réussi.

Vous ferez des erreurs. Là aussi, c'est normal. L'erreur n'est pas synonyme d'échec. Vous deviendrez bon en apprenant de vos erreurs et de celles des autres. Les erreurs sont des opportunités de s'améliorer. Vous n'êtes plus à l'école où l'erreur est systématiquement sanctionnée. Seuls ceux qui ne font rien ne font pas d'erreur et ceux-là constituent en finalité une double erreur pour l'entreprise : l'erreur de les avoir recrutés et l'erreur de les garder.

Personnellement, je fais souvent des erreurs, la plupart du temps sans conséquence. Grâce à ces erreurs, je deviens meilleur chaque jour, car je n'aime pas les répéter. Enfin, quand je les relativise en les comparant au succès, c'est sans appel : le gain est là. Il est indiscutable. Et si c'était à refaire, je le referais deux fois plutôt qu'une.

Ce gain vous fera oublier vos peines. Je n'oublie pas mes années difficiles, mes années de galère ni d'où je viens. Mais tout ceci me semble maintenant un mauvais et si lointain souvenir. L'existence me semble beaucoup plus sereine. Cette douleur a été une bonne douleur : elle m'a apporté le bonheur.

2.
Avoir

Dans le chapitre précédent, nous avons effectué quelques rappels sur la réalité de l'entreprise. Même s'il s'agit d'un environnement difficile où l'égoïsme règne en maître, c'est aussi un environnement qui vous offre de nombreuses opportunités pour vous faire remarquer, sécuriser votre revenu, favoriser votre ascension, être utile à la communauté.

Ce rappel étant fait et le décor planté, il est maintenant primordial d'être bien préparé dans sa tête. Les quelques principes et règles qui suivent m'ont toujours aidé. Sans eux, je n'y serai jamais arrivé et ils ne m'ont jamais fait faux bond.

2.1.
Avoir des rêves, un but

Travailler c'est bien. Gagner un salaire c'est bien. Savoir pourquoi c'est mieux.

Vous travaillez pour payer votre voiture ou votre maison ? Vous travaillez pour rembourser un crédit ? Vous travaillez pour donner de meilleures chances à vos enfants en espérant qu'ils auront une vie meilleure que la vôtre ? Vous travaillez pour ceux que vous aimez et pour pouvoir les rendre heureux ? Vous travaillez pour votre retraite ?

Si c'est le cas, pourquoi continuerez-vous à travailler une fois que vous aurez payé votre voiture, votre maison, que vos enfants seront adultes et mèneront leur propre vie ? Que ferez-vous de votre retraite ?

Il est important de clarifier ces questions si ce n'est pas déjà fait.

Il est dangereux par ailleurs d'avoir un but intermédiaire comme seul but, comme acheter sa maison, car votre vie continuera après que vous avez acheté votre maison. Et quel était votre but en achetant votre maison : constituer un patrimoine et le transmettre à vos enfants ? Sécuriser un toit ? Rendre votre famille heureuse ? Impressionner vos amis et votre famille ? Tout ceci à la fois ?

Comme tout élément de patrimoine, le prix de votre maison peut fluctuer à la hausse comme à la baisse pour des raisons multiples. Si vous perdez votre job, serez-vous en mesure de faire face aux dépenses de la maison (crédit, charges, entretien, taxes foncières...) et ainsi être en pleine sécurité sous ce toit ? Avez-vous pensé aux droits de succession pour vos enfants qui peuvent, dans certains cas, facilement entamer la moitié de sa valeur ? Si ce n'est pas le cas, peut-être que votre but n'était pas totalement atteint et qu'il restait un bout de chemin à faire, car votre objectif n'était probablement pas de léguer seulement 50 % de sa valeur à vos enfants ni d'avoir travaillé autant pour payer au final les 50 % restants à l'État et au notaire.

Ces buts intermédiaires sont importants, mais bien souvent ils sont confondus avec une finalité de vie. Ce ne sont pourtant que des étapes de vie. Et ces étapes doivent être bien étudiées. Travailler 30 ans pour payer une maison à crédit et la léguer à ses enfants en espérant les mettre à l'abri est-il un plan si judicieux ? Le prix total de la maison, une fois payés les intérêts à la banque, les frais de succession sans compter le risque de dépréciation du bien, va-t-il mettre vos enfants à l'abri du besoin comme vous l'espériez ? Peut-être investir différemment le prix total de la maison vous permettrait-il de léguer plus et plus sûrement ?

Cet exemple de la maison que l'on souhaite léguer aux enfants n'est qu'un exemple parmi beaucoup d'autres. Chacun a ses raisons, ses motivations, ses croyances.

Mais très souvent, on pense à sa famille, à son conjoint, à ses enfants, aux parents, aux amis. C'est bien. Mais vous ? Pensez-vous à vous ? Quelle serait la vie qui vous rendrait pleinement heureux, en toute honnêteté ? Et qu'est-ce que vous n'aimez pas dans votre vie ? Je ne crois pas que ce soit une perte de temps que de prendre le temps, seul, dans un endroit calme, éventuellement avec une bouteille de bon vin ou un thé bien chaud, pour mener à bien ce type de réflexion. On ne vit qu'une fois et, à défaut d'emporter du bonheur dans votre tombe, vous risquez de n'y emporter que des regrets et de la tristesse.

Si vous pensez aux autres d'abord et seulement ensuite à vous, il n'y aura jamais de place pour vous. Pensez à vous d'abord, aux autres ensuite par ordre d'importance dans votre cœur. Tant pis pour les derniers s'il n'y a plus de place.

Le travail ne doit pas être une fatalité, mais un moyen d'atteindre votre objectif. Si vous avez un objectif clair et qu'en plus vous vous plaisez dans votre travail, vous avez le plus puissant moteur de motivation possible. Rien ne vous arrêtera.

En pensant à vous, tout en prenant soin de ceux que vous aimez, en ayant de l'intégrité, vous serez un modèle pour nombre de personnes autour de vous. Vos enfants les premiers : ils verront leur père (ou leur mère) heureux, bon dans son travail, droit, qui veille sur eux et les aime. Cela leur laissera un meilleur souvenir que « Mon père a galéré toute sa vie pour rien ». À l'opposé, leur souvenir sera « Mon père était droit, il savait ce qu'il voulait, il ne lâchait pas prise et il y parvenait toujours à la fin. Il était épanoui et passait du temps pour réaliser ses passions. Il nous aimait, notre mère l'aimait, nous l'admirions et si nous sommes heureux aujourd'hui c'est grâce à lui ». Personnellement, je préfère la seconde option et vous ?

Beaucoup de personnes autour de moi ont baissé les bras, vivent dans des rêves, vivent une vie par procuration en s'intéressant à la vie des autres, la leur étant complètement creuse. D'autres prétendent se sacrifier pour leurs enfants pour qu'ils aient une vie meilleure.

D'autres par contre sont à l'opposé. Ils ont les manches retroussées, cherchent par tous les moyens à réaliser leurs rêves. Leur vie est pleine de projets, passionnante. Ils cherchent à comprendre, à apprendre et n'ont pas le temps de s'occuper de la vie des autres (sauf si elle est intéressante et qu'ils peuvent en apprendre quelque chose). Ils ne se sacrifient pour personne, pas même pour leurs enfants. Ils n'attendrissent pas. Ils ne font pas pitié. Ils réussissent. Ceux qui les suivent réussissent. Leurs enfants réussissent et les admirent.

En ce qui me concerne, mon but est d'acquérir ma liberté à la fois intellectuelle et financière. Intellectuelle, car je veux comprendre les sujets qui m'importent et être capable de me faire une opinion par moi-même, sans répéter stupidement un argument marketing, un discours de politicien ou une rumeur. Financière, car je veux pouvoir choisir de travailler ou non, pour qui et ne plus avoir à subir ce stress destructeur que j'ai connu par le passé. Financière car je souhaite également que mon épouse puisse bénéficier de cette liberté ainsi que mes enfants. Cette liberté financière permet d'acheter du temps libre. La journée que je passais à faire le ménage et à repasser pendant des années, dorénavant je l'occupe à mes vrais centres d'intérêt : l'Histoire, le cinéma, la philosophie, des projets d'entreprise, l'écriture de livres. Je ne pouvais pas non plus soutenir des causes qui me tiennent à cœur. Aujourd'hui, je le peux et supporte plusieurs associations de protection des animaux. Et quand ma famille a besoin d'aide, je n'ai plus à répondre « Je ne peux pas ».

Chacun d'entre nous est différent et chacun de nous aspire à des choses différentes. Passer du temps à clarifier votre ou vos buts ultime(s) fait certainement partie des meilleurs investissements en temps que vous pourrez faire. Survivre ou progresser en entreprise ne peut pas être un but ultime, c'est juste une étape, un marchepied, il vous faut un objectif de vie, votre rêve.

Une fois que vous l'aurez, vous saurez vers où mettre le cap et plus rien ne vous arrêtera.

2. 2.
Avoir des valeurs humaines

Je suis consterné chaque jour du nombre de personnes qui ne disent ni bonjour, ni s'il vous plaît, ni merci. Sans compter tous ceux qui essaient de vous passer devant, vous coupent la parole, vous bousculent, cherchent à s'approprier votre travail, mentent, discriminent, humilient...

Mais l'expérience m'a montré que le respect, en règle générale, attire le respect en retour et que la bienveillance attire la bienveillance en retour. Pour recevoir, il faut savoir donner.

Il ne s'agit évidemment pas de se laisser abuser ou marcher sur les pieds. Le respect n'est pas la soumission. Les soumis ne sont pas respectés par définition. On vous respectera si vous êtes un bon professionnel, avec des valeurs humaines fortes comme la justice ou l'empathie, et doté d'un solide tempérament. Si vous êtes mauvais, on ne vous respectera pas ou si vous pensez malgré tout être respecté en étant mauvais, ce n'est probablement qu'en apparence. Si vous êtes injuste, vous serez détesté. Si vous n'avez pas d'empathie, on percevra en vous une machine froide, sans âme. Sans solide tempérament, vous serez perçu comme un faible et donc comme une proie, une victime potentielle et facile.

La bienveillance est juste l'absence de volonté de nuire à l'autre pour le seul plaisir de lui nuire. Dans chaque entreprise, ou organisation humaine, il existe des personnes qui utilisent leur temps, et celui des autres, pour critiquer systématiquement, dénigrer, moquer, exclure. Ces personnes sont souvent des ratés tant sur le plan professionnel que personnel. Évitez ces personnes autant que possible, mais gardez-les à l'œil pour éviter de mauvais tours...

Vous, au contraire, devez être dans une logique d'amélioration, de construction et de bien-être collectif. Nous ne critiquons pas, mais améliorons (même si cela prend du temps, beaucoup de temps et ressemble à une mission sans fin). Nous ne dénigrons pas, ne moquons pas, mais aidons, encourageons, formons. Nous n'excluons pas, mais fédérons.

Je me rappelle un employé qui était devenu le souffre-douleur de son département. Il était timide et renfermé. Il ne partageait pas les centres d'intérêt de ses collègues et manquait de répartie à leurs plaisanteries, pas toujours du meilleur goût d'ailleurs. La qualité de son travail était critiquée, mais j'ai toujours eu affaire à un bon professionnel, réactif et compétent. Un jour, en arrivant dans son département, j'entendais les autres le railler. Je suis allé le voir prétextant un dossier en cours et, d'une voix audible par tous, l'ai remercié pour son travail et ses efforts. Il m'a dit qu'il appréciait, car peu de personnes pensaient comme moi. Je ne le pensais pas, mais constatais juste les faits : il travaillait bien et consciencieusement. Je lui ai répondu alors, toujours de manière audible pour les autres, que je ferai un mail personnel à son management pour que les faits soient rétablis. Un long silence régnait sur le plateau quand je suis parti. J'ai fait mon mail à son manager direct, qui était également dur avec lui, mais aussi à son N+2 et N+3. J'y soulignais que j'appréciais le travail de ce collaborateur, son implication, que l'entreprise avait besoin de davantage de personnes comme lui, et que j'espérais que ce travail et cette implication soient justement récompensés lors du prochain bilan annuel. Plus personne ne le charriait.

La bienveillance dans l'entreprise impose la neutralité de vos convictions lorsque vous êtes dans l'entreprise. Peu importent vos croyances, vos convictions, vous devez vous interdire les discriminations de toute sorte. Vous n'avez pas quelqu'un de l'autre sexe en face de vous, vous n'avez pas quelqu'un croyant ou non croyant en face de vous, vous n'avez pas quelqu'un d'une autre couleur ou d'un autre pays, vous avez un collaborateur de l'entreprise, un professionnel. Ne discriminez que sur la compétence.

Évitez également la discrimination dite positive, car c'est une discrimination. Et comme toute discrimination, elle se fera au détriment de quelqu'un. Pourquoi mettre 50 % de femmes dans un conseil composé d'hommes et qui fonctionne bien ? Cela au risque que ce qui fonctionne bien finisse par fonctionner moins bien. Inversement, pourquoi mettre 50 % d'hommes dans un conseil composé de femmes et qui fonctionne bien ? Pourquoi privilégier les jeunes au détriment des plus anciens ? Restez professionnel et résistez aux tendances démagogiques du moment.

Pour recevoir, il faut donner. C'est un principe essentiel en affaires. Si vous voulez les conseils d'un bon professionnel, cela vous coûtera de l'argent, mais rapidement vous comprendrez que ce n'est pas un coût, mais un investissement. J'ai compris cela il y a longtemps quand j'ai fait appel à un expert-comptable pour revoir ma déclaration fiscale. À l'époque, mon salaire était modeste et plusieurs centaines de dollars représentaient pour moi une somme importante. Mais grâce aux services de cet expert-comptable, j'ai économisé quelques milliers d'euros sur ma déclaration fiscale. Ceci semble évident pour beaucoup, mais pour moi cela a été un déclic. J'ai compris que payer de bonnes compétences n'était pas une dépense, mais un investissement profitable.

Donner, c'est aussi donner de la reconnaissance. Nous avons tous besoin de nous sentir exister, valorisés. Je vois chaque jour des personnes qui ressemblent à des fantômes. Elles sont là, travaillent avec nous, mais presque personne ne semble les remarquer. Si notre bureau est propre, c'est grâce à elles. Si notre bureau est protégé, c'est grâce à elles. Si l'électricité ou le réseau informatique fonctionnent, c'est grâce à elles. Pourtant, combien de personnes ne leur disent ni bonjour, ni au revoir, ni même merci ? Vous l'aurez compris, je parle des employés de ménage, des réceptionnistes, des agents de sécurité et de tous ceux qui facilitent notre travail au quotidien pour des salaires souvent faibles et une reconnaissance encore plus faible. Je ne manque jamais de saluer l'agent de sécurité chaque matin, la réceptionniste ou l'équipe de ménage en fin de journée. J'ai remarqué que des collègues, qui auparavant les ignoraient, les saluent dorénavant. La reconnaissance est fondamentale. Un jour, vous pourriez bien avoir besoin de cet obscur que vous méprisez parce qu'il n'occupe pas un poste comme le vôtre ni n'est en mesure de vous promouvoir ou de vous licencier. Le plus surprenant, c'est que cet obscur, que vous n'aideriez probablement pas, lui, vous aidera certainement le jour venu.

Veillez en permanence à votre intégrité, à votre éthique : c'est votre réputation qui est en jeu. On doit pouvoir vous faire confiance. Sans compter qu'il est agréable de pouvoir se regarder avec fierté chaque matin dans le miroir. Ne promettez donc que ce que vous pouvez réaliser. Ne promettez que des efforts si vous n'êtes pas capable de garantir des résultats et faites ensuite de votre mieux.

Ne mentez pas même si c'est tentant, par opportunisme ou par peur d'avoir des problèmes. Votre réputation sera rapidement affectée et vous serez perçu comme une personne peu fiable voire un danger. Si vous essayez de cacher un problème, vous gagnerez probablement à court terme un peu de sérénité, mais le problème risque de ressurgir un jour capitalisé d'intérêts. Mieux vaut donc mettre rapidement le problème sur la table, de manière claire et factuelle tout en proposant des solutions concrètes que vous êtes prêt à mettre en œuvre. Vous éviterez probablement une engueulade, démontrerez votre professionnalisme, votre capacité à gérer les difficultés et marquerez ainsi des points au lieu d'en perdre. Encore une fois, soyez opportuniste et n'oubliez pas que les problèmes sont très souvent des opportunités.

Mais n'essayons pas de faire ici un manuel de morale. Faites juste de votre mieux pour traiter les autres tels que vous aimeriez être traité. Sans oublier d'être prudent : si vous avez des valeurs humaines fortes, cela ne garantit en effet en rien qu'autour de vous ces valeurs soient partagées. Certains essaieront même d'en profiter, mais nous verrons comment déjouer quelques pièges fréquents.

2.3.
Avoir un état d'esprit solide

Pour survivre, et encore plus pour progresser, vous allez devoir essuyer des coups et les encaisser. C'est inévitable. Mais avec un bon état d'esprit, des principes et des objectifs clairs, des compétences rodées, vous parviendrez à en esquiver beaucoup et ceux que vous encaisserez deviendront moins douloureux.

L'état d'esprit est en grande partie conditionné par vos objectifs personnels et vos valeurs humaines. Avoir un objectif et des valeurs fortes vous rendront fort. Travaillez pour une cause que l'on juge supérieure à soi décuple la force intérieure, cette cause pouvant être un idéal, votre famille...

Avoir un bon état d'esprit va encore plus augmenter cette force intérieure et votre performance dans l'entreprise. J'ai essayé d'identifier quelques éléments clés de l'état d'esprit qui m'a animé et m'a permis de réussir. Je n'ai pas hiérarchisé ces éléments, car, même si certains semblent plus importants que d'autres, je n'aurais jamais réussi si un seul d'entre eux était venu à manquer.

Le premier élément est de savoir garder une tête froide et d'utiliser davantage son cerveau que ses émotions. Plus facile à dire qu'à faire, je le concède. Je ne compte plus les fois où j'ai répondu trop rapidement ou sous le coup de l'émotion à un email pour ensuite le regretter, parfois amèrement. Je ne compte plus non plus les réponses stupides que j'ai pu donner à des questions intelligentes en pensant faire vite et bien, alors que je faisais vite et mal.

N'importe quel biologiste le confirmera : nous sommes des mammifères. Notre cerveau est développé, mais nous avons toujours notre cerveau reptilien. Il est là, présent en chacun de nous. Et chacun d'entre nous a des instincts naturels qui, même dans un environnement moderne, se manifestent au quotidien par la peur, le désir ou la joie. Le seul moyen que j'ai trouvé de dominer, au moins partiellement, mes émotions au bureau est d'objectiver au maximum mon travail.

Cela veut dire être capable de démontrer pourquoi je dis ceci, pourquoi je préconise cela ou pourquoi je rejette cette option. Pour y arriver, il faut en premier un raisonnement logique avec des hypothèses réalistes et prudentes, les différentes options disponibles et identifier les points faibles susceptibles de faire l'objet de critiques. Ensuite, les sources d'information doivent être soigneusement documentées. À partir de là, vous pouvez expliquer comment, à partir d'un raisonnement clair et de données documentées, vous obtenez un résultat donné. En tout dernier seulement, je laisse mes émotions confirmer ou mettre en doute ce résultat. Si mes émotions sont à l'aise avec ce résultat objectif tant mieux. Si ce n'est pas le cas, je le reprends, vérifie mon raisonnement, quitte à demander un ou plusieurs avis complémentaires.

C'est sur cette base que j'ai appris à prendre des risques calculés. Combien pensent prendre la bonne décision en suivant simplement le troupeau de moutons ? Il suffit de regarder autour de soi. Combien de personnes approuvent une décision sans avoir étudié au préalable la question ? Combien donnent des avis sur des études, des livres ou même des films qu'ils n'ont jamais regardés ? Combien se ruent sur la bourse quand il est en réalité trop tard et que le krach est imminent ? Les émotions sont puissantes et la tentation de suivre le troupeau, aveuglément ou non, vers l'abattoir est forte. Certains vous diront qu'il vaut mieux avoir tort avec les autres que raison tout seul. C'est vrai dans certains cas, totalement faux dans d'autres.

Prendre des risques est essentiel. Ceux qui n'en prennent aucun n'arrivent en général à rien, sinon à pas grand-chose. Regardez ceux qui placent tout dans leur livret d'épargne et ceux qui font des placements judicieux, bien gérés : les premiers gagnent quelques cacahuètes d'intérêts et se font grignoter leur épargne par l'inflation. Les seconds, eux, gagnent facilement 10 % par an et sécurisent leur gain avant les krachs. Mais pour beaucoup, prendre un risque signifie être inconscient, être une tête brûlée. D'ailleurs, ne dit-on pas « Tu prends un risque » pour décourager quelqu'un ?

Mais quand une opportunité de gain se présente, que l'on regarde objectivement ce qui peut nous empêcher d'en profiter et ce que l'on risque d'y perdre, on fait une première analyse de risques. Que peut-on faire ensuite pour éviter ces risques ? Et là, en creusant un peu, en lisant, en se renseignant auprès de professionnels reconnus, on apprend et l'on se rend compte que beaucoup de risques peuvent être réduits voire évités.

En 2013, on m'a proposé un super job, payé le triple de ma rémunération de l'époque. Je ne connaissais pas vraiment le secteur d'activité et il me manquait quelques compétences. Mais je pouvais faire sans problème 80 % du travail.

Mes options étaient simples : soit je restais à mon emploi de l'époque, galérant pour financer péniblement un logement, une épargne retraite... tout en restant dans un certain confort. Soit je démissionnais, avec le risque d'être licencié durant ma période d'essai ou de ne pas être à la hauteur, mais avec un gain potentiel triple. Mon logement serait payé en 10 ans au lieu de 30, avec un apport important. Je pourrais me faire davantage plaisir chaque mois et épargner des sommes plus importantes. J'ai donc acheté des livres pour comprendre les bases du secteur d'activité, j'ai renforcé mes compétences techniques dans certains domaines et j'ai passé du temps avec des managers de ma nouvelle entreprise pour comprendre leur métier. En 6 mois, j'avais comblé les 20 % des compétences manquantes qui me causaient problème, certes au prix de journées parfois longues, très longues. Mais je n'ai jamais regretté ma décision et cela m'a confirmé une chose : rester dans sa zone de confort n'est pas payant et apprendre est un excellent moyen de surmonter ses peurs, notamment la peur du risque.

Cette peur du risque, cette peur de l'échec, cette peur de mal faire nous bride tous. La peur de mal faire et de la sanction qui suit. Celui qui se trompe à l'école est sanctionné. Et combien passe-t-on d'années, depuis notre plus jeune âge à subir la sanction de nos erreurs ? Erreur = sanction. Parfois, la sanction est injustifiée. Je me rappelle un exercice de mathématiques que j'avais résolu à l'école avec une autre méthode. Ma méthode et le résultat étaient bons, mais l'enseignant m'avait mis zéro. En langues vivantes, j'ai vécu plusieurs fois des situations où un mot que j'avais utilisé en Anglais avait été jugé incorrect par l'enseignant. Malgré la preuve du dictionnaire à l'appui, la situation ne changea pas sous le prétexte que c'était un mot d'anglais des États-Unis et non d'anglais britannique... Même chose en Français où le Français de Belgique ou du Canada est sanctionné car ce n'est pas le Français de Paris. Vous demandez de l'aide à votre voisin ou même une feuille de papier car il vous en manque une pour finir votre examen, vous êtes sanctionné parce que vous trichez.

Dans les affaires, et donc dans l'entreprise, les choses sont différentes. Il faut savoir prendre des risques (calculés), s'adapter et travailler en équipe. Si la méthode est bonne, il y a de grandes chances que le résultat le soit aussi et c'est bingo pour tous ! Tout le contraire de l'école.

Surmonter sa peur est difficile avec un tel conditionnement. D'autant plus que, parfois, l'erreur ou la différence sont aussi sanctionnées par la famille. Apprendre à essayer, tenter, oser, prendre un risque calculé est souvent un réel travail sur soi, long et pénible. Il faut souvent attendre plusieurs succès pour avoir le déclic et bien plus encore pour que cela devienne un réflexe naturel.

Surmonter sa peur, prendre des risques calculés implique souvent de désapprendre en même temps qu'apprendre. Nous avons peur parce que nous ignorons ce qui peut se passer. La seule solution contre l'ignorance ? L'apprentissage pour comprendre le mieux possible ce que nous ignorons. Les livres, Internet, les experts, les formations... Il y a pléthore de moyens d'apprendre à disposition. Multipliez les sources de connaissance et les points de vue sur un sujet, leurs points forts et leurs points faibles, les risques et les opportunités associés, les retours d'expérience... Et faites-vous votre propre idée.

En parallèle, désapprenez ce que vous avez appris et qui entretient votre peur d'agir. Au lieu d'écouter ceux qui cherchent à vous décourager, apprenez pour comprendre le sujet par vous-même. Prenez vos distances avec des amis qui cherchent à vous décourager. Ce ne sont pas des amis. Un ami, lui, vous encouragera voire vous aidera à apprendre. Prenez vos distances avec tous les soi-disant experts qui donnent des conseils, mais n'ont jamais rien réalisé. 30 ans assis dans un bureau tranquille aux archives d'une banque à lire le journal suffisent pour dire, sans mentir, que l'on possède 30 ans d'expérience dans la banque ou la finance.

Désapprendre aussi des vérités ou des expressions toutes faites qui, si elles s'appliquent dans bon nombre de cas, ne s'avèrent pas toujours exactes. Et pour y arriver, il suffit d'observer et de faire preuve de bon sens. « Il faut toujours aller jusqu'au bout » : c'est un bon conseil dans certains cas, mais dans d'autres il peut s'avérer catastrophique. Par exemple, il est en général judicieux d'aller jusqu'au bout de ses études (sauf cas particuliers comme Bill Gates ou Mark Zuckerberg) et beaucoup moins d'investir toujours plus dans un business qui perd de l'argent et qui n'offre pas de réelles ou de solides perspectives. Mieux vaut perdre 10 que 1000... Souvent quand on me dit « Pourquoi aimes-tu prendre des risques ? », en général je réponds soit « Pour gagner plus », soit pour « Pour ne pas finir comme toi ».

« Crois-en mon expérience, ça ne marchera pas » : demandez à ceux qui vous sortent cette phrase de vous expliquer leur expérience. Ont-ils essayé ? Comment ? Ont-ils réussi ou échoué ? Pourquoi ? Le plus souvent, vous vous rendrez compte qu'ils n'ont jamais essayé ce que vous voulez essayer. Mieux, qu'ils n'ont jamais réellement essayé quoique ce soit.

« C'est trop compliqué » : justement, essayons de simplifier le problème pour mieux le comprendre. J'étais un cancre en physique et en chimie, mais j'ai retenu deux choses dans ces disciplines. Un, que l'acide chlorhydrique faisait mousser le calcaire. Deux, que pour résoudre un problème complexe, il faut le diviser en problèmes simples puis résoudre ceux-ci un par un. Je n'ai jamais réussi à appliquer ce principe en physique, mais chaque fois que je l'ai appliqué dans ma vie quotidienne ou dans ma vie professionnelle, il a fonctionné. Imaginez maintenant un problème compliqué dans l'entreprise, dont la résolution ferait faire d'importantes économies ou gagner de l'argent. Et imaginez un instant que vous êtes celui qui peut résoudre ce problème. Imaginez ce que vous pourriez obtenir en termes de reconnaissance, de crédibilité, de performance annuelle, de bonus, de promotion. Imaginez maintenant que vous ne fassiez rien : que se passerait-il ? Imaginez enfin que vous essayez de résoudre ce problème ? Comment feriez-vous ?

Face à mes rêves, mes envies, je me suis rendu compte que je n'obtenais jamais rien tant que je me disais « C'est trop compliqué » ou « Je ne peux pas y arriver ». En fait, j'étais tellement mauvais que je me disais souvent les deux à la fois. Mais tout a changé quand, face à mes rêves, face à mes envies, je réfléchissais à « Comment y arriver ? ». Ce simple petit changement m'a soudainement permis de réaliser beaucoup de choses, d'atteindre presque tous mes objectifs, un par un, certains rapidement, d'autres lentement, voire très lentement. Mais une chose est sûre : la plupart de mes rêves, de mes envies, je les ai réalisés ou suis en train de les réaliser. Ceci parce que je me pose dorénavant la bonne question, transforme les objectifs et les problèmes complexes en une succession d'objectifs intermédiaires et de problèmes simples que je peux enfin résoudre un à un. J'applique cette approche aussi bien dans ma vie personnelle que professionnelle.

J'aimais aussi « Ce n'est pas pour moi » que j'ai remplacé par « Est-ce que ça me plairait ? » ou bien par « Il y a quoi à la clef ? ». Si ça me plaît ou bien si l'enjeu en vaut la chandelle, le « Ce n'est pas pour moi » devient « C'est pour moi ! ».

« Je n'ai pas le temps », « J'ai d'autres choses à faire » : j'adore ces excuses. Elles sont sincères dans 1 % des cas, mais le plus souvent ne servent qu'à justifier un peu plus l'inaction. Je n'ai pas le temps pour faire quelque chose qui peut me faire gagner plus, mais j'ai le temps pour traîner au lit à regarder des séries TV. J'ai le temps de m'ennuyer et de chercher à tuer le temps alors que je pourrais chercher à apprendre à faire quelque chose qui me ferait gagner plus. J'étais un adepte de ces excuses et du gain associé, c'est-à-dire rien. Si quelque chose en vaut la peine et que je n'ai réellement pas le temps, alors je réfléchis à comment gagner du temps, en faisant quoi, en arrêtant de faire quoi, en arrêtant de voir qui ? Si j'ai d'autres choses à faire, je priorise en fonction du gain.

J'ai également appris que travailler dur ne servait à rien ou du moins pas à grand-chose. Pendant des années, je travaillais comme une mule, presque tous les jours, ne comptant pas mes heures. Pendant des années, je croyais que mes patrons m'en seraient reconnaissants. Ils l'étaient et m'ont tous remercié pour mon temps, mon investissement personnel. Mais aucun ne m'augmentait, aucun ne m'accordait de promotion. Au bout d'un certain nombre d'années (oui, il me faut parfois du temps pour comprendre...), j'ai ouvert les yeux. Des personnes qui en faisaient beaucoup moins que moi pouvaient être promues, toucher des bonus et des augmentations. Comment est-ce possible ? Tout le monde m'a toujours dit travaille dur et tu y arriveras. Et je découvre que cette vérité universelle ne s'applique pas à moi.

La douche était froide, mais en suivant cette vérité universelle du « travailler dur pour y arriver », j'ai fini par me retrouver à côté de la plaque. Je travaillais dur, mais pas suffisamment intelligemment, et je n'avais pas encore tiré 10 % des leçons que je partage avec vous aujourd'hui dans ce livre. Aujourd'hui, je fais le travail prévu à mon contrat, mais je ne travaille quasiment jamais le week-end, quitte en général vers 18 heures le bureau et il m'arrive de faire des journées de 12 voire 14 heures, en moyenne 2 fois par mois tout au plus. Et je gagne plus de 17 fois mon premier salaire, celui de l'époque où je travaillais comme une mule.

J'ai également constaté que travailler pour une cause supérieure à soi-même démultiplie la motivation. Ceux qui défendent un idéal, un projet personnel profond, œuvrent au nom de Dieu ou de la nation... trouvent en eux-mêmes une énergie impressionnante : la foi. Elle pousse l'individu à agir au-delà de lui-même en lui octroyant une motivation d'acier qui augmente la portée de ses actions et donc sa capacité à générer des résultats. La foi donne un sens à nos actions, à notre vie. Elle nous permet d'être, ou du moins, de nous sentir utiles.

J'ai souvent remarqué que ceux qui ont la foi recherchent un intérêt collectif et parfois l'intérêt collectif. Cet intérêt collectif peut être très large lorsque la foi est portée par la religion, un idéal politique, patriotique ou sociétal, mais cet intérêt collectif peut être plus restreint lorsque la foi est portée par la famille, un projet (scientifique, artistique, humaniste, culturel...), une société de personnes.

Être bon dans son travail, réaliser de la valeur pour l'entreprise c'est bien entendu contribuer à votre survie et à votre progression. Mais vous contribuerez aussi à toutes les personnes autour de vous. Comme vous, ils vivent probablement le plus souvent de la société et sa bonne santé financière leur est essentielle. Essentielle pour financer leur logement, la santé et l'éducation de leurs enfants, mais aussi pour se faire plaisir et faire plaisir à ceux qu'ils aiment.

Aussi, même si vous n'avez foi en rien, vos efforts de survie et de progression vont peu à peu vous amener à contribuer non pas seulement à la santé de l'entreprise, cette personne morale au sens juridique du terme, mais aussi à toutes les personnes autour de vous. Vous travaillerez pour vous, mais aussi pour le groupe de personnes qui vous entoure. Vos actions auront une portée qui vous dépasse en tant qu'individu. Vos actions contribueront à votre famille et aux proches que vous aimez, mais elles contribueront également à ceux qui travaillent avec vous ainsi qu'à leurs familles par ricochet. Vous allez devenir de plus en plus utile à l'intérêt collectif et, en retour, vous serez de plus en plus considéré, respecté, protégé, par tous ceux à qui vous êtes utile.

Ce processus prend du temps. Si vous le cumulez à un ou plusieurs autres éléments qui stimulent votre foi, vous allez développer un mental d'acier qui va vous booster naturellement au-delà de ce que vous pouvez imaginer.

La contribution à la recherche de l'intérêt collectif vous aidera à fédérer autour de vous et, peu à peu, vous serez moins seul, mais accompagné d'équipiers qui ne feront qu'augmenter vos chances de réussites. Ces équipiers, mais aussi les suiveurs que vous réussirez à convaincre, seront autant d'ennemis potentiels en moins et donc autant de difficultés en moins. Les ennemis potentiels auront par ailleurs tendance à réfléchir à deux, voire trois fois, avant de s'en prendre à vous par crainte d'avoir affaire à un groupe de personnes et plus seulement à un individu isolé.

Un autre élément fondamental pour un état d'esprit gagnant est de ne pas rester sur la défensive, mais d'agir.

Tirer sur un pigeon d'argile est bien plus aisé que tirer sur un pigeon en pleine forme dans les airs. Sauf face à un mauvais tireur de fête foraine, le premier n'a pratiquement aucune chance de s'en sortir. Le second, lui, aura bien plus de chances. C'est la même chose dans l'entreprise.

L'inaction présente par ailleurs un triple risque.

En premier, elle est comme l'érosion et s'attaquera à vos connaissances, à votre motivation, à votre capacité de progression et pour finir risque de vous transformer en boulet pour l'entreprise, autrement dit en cible. Je me rappelle toujours de l'un de mes premiers stages en entreprise et de ce comptable qui refusait d'utiliser un ordinateur, préférant son crayon à papier et sa gomme. Tant que l'entreprise se porte bien, fait des profits et est tolérante, il y a peu à s'inquiéter. Mais le jour où celle-ci fait des pertes, qu'elle doit envisager des coupes de coûts et des restructurations, c'est pratiquement un billet assuré pour le prochain départ. Les chances de survie deviennent plus que minces. Quant aux chances de progression, autant les oublier pour de bon.

Le deuxième risque est lié au fait que vous n'êtes pas seul et en concurrence. Je me souviens d'un contrôleur de gestion senior, compétent, mais qui se reposait sur sa gloire passée. Il jugeait qu'il était très compétent (et il l'était), qu'il n'avait pas besoin d'apprendre ou d'évoluer et que, sans lui, le contrôle des coûts de l'entreprise ne serait pas aussi bon. Suite à la perte d'un important segment de marché, la société s'est réorganisée et il a été remplacé par un jeune contrôleur de gestion, moins cher et compétent. Certes, il était moins expérimenté, mais faisait le travail suffisamment bien pour être maintenu à ce poste. Et il y a aussi cet ingénieur expérimenté que j'ai connu et qui avait perdu son emploi délocalisé de Paris vers la Tunisie. L'ingénieur tunisien faisait tout aussi bien le travail, mais pour un coût bien moindre.

Que ce soit le contrôleur de gestion ou l'ingénieur, tous les deux se sont fait rattraper par la concurrence des plus jeunes ou la concurrence internationale. Mais une chose que j'ai notée : leurs managers, à l'origine des réorganisations, sont toujours en poste et ont reçu des bonus récompensant les économies réalisées.

Le troisième risque, enfin, est lié à l'évolution, parfois rapide, des modes, des technologies et des techniques. Dans les années

1980 et 90, des groupes comme Xerox, Atari, Amstrad, Compaq, Olivetti... étaient les stars de l'informatique. Aujourd'hui, les plus jeunes ne connaissent pas pour la plupart certaines de ces marques qui soit ont disparu, soit se sont complètement repositionnées sur des segments parfois moins visibles du grand public. Aujourd'hui, les stars sont Google, Facebook, Apple, Amazon. Et dans 20 ans, qui seront les stars ?

Dans les années 90, qui aurait imaginé que des géants comme Nokia, Alcatel ou Motorola, qui dominaient le marché des téléphones portables, laisseraient leurs places à Samsung, Huawei, Apple ou Xiaomi ?

Les technologies et les techniques évoluent, les métiers aussi. De nombreux métiers actuels n'existaient pas il y a 50 ans. En 1990, il n'y avait ni web managers, content managers ou Youtubers. Dans 20 ans, avec le développement de l'intelligence artificielle, de nombreux métiers répétitifs, même qualifiés, seront menacés et de nouveaux métiers verront le jour.

Combien de pays au boom économique phénoménal sont aujourd'hui en difficulté ? Qui parle encore des tigres asiatiques ? Du boom de l'Argentine ou du Mexique ?

Même les modes changent. Il suffit de regarder un film tourné en 1990, un autre en 1980, un autre en 1970 pour s'en rendre compte.

Être inactif dans un monde en mouvement perpétuel, c'est être statique dans un monde qui bouge. En une vie, nous vivons tous des changements nombreux et souvent radicaux.

Ne pas suivre son temps, l'évolution de sa profession, de son secteur d'activité est dangereux. C'est comme conduire uniquement en ligne droite. Cela peut marcher en plein désert, mais ailleurs vous finirez dans un arbre au premier virage. Il faut aussi apprendre à anticiper les virages pour bien les négocier, et pour cela il n'y a rien de mieux que d'apprendre pour s'adapter. Aller de l'avant sans cesse, en apprenant sans cesse.

L'action est un puissant allié qui doit se greffer avec le temps à votre ADN.

L'action est le meilleur moyen de lutter contre la peur. Vous avez peur parce que vous ignorez ? Alors, apprenez. Vous avez peur parce que vous pensez trop ? Alors, arrêtez de penser trop et agissez. Dans le feu de l'action, vous n'aurez plus de temps pour des réflexions métaphysiques.

L'action vous permet d'avancer.

L'action réduit vos ennemis. Si vous agissez, on ne pourra pas vous reprocher de ne rien faire. Si vous êtes un homme (ou une femme) d'action, vous ne serez pas sur la défensive en permanence. Rester sur la défensive doit être exceptionnel sinon vous attirerez les attaques et deviendrez au fil du temps une cible de choix. Quelqu'un dans l'action saura mener des offensives et en cas d'attaque, l'assaillant risquera une contre-attaque. Il préférera changer de cible. Il est plus facile de provoquer un gentil caniche habitué au canapé qu'un berger allemand en pleine forme.

L'action est votre meilleure alliée. Elle vous fera progresser et apprendre. Vous déplacerez naturellement vos limites. Vous prendrez de l'avance sur la concurrence, quelle qu'elle soit. Vos succès renforceront votre confiance en vous. Vous apprendrez de vos erreurs pour faire encore mieux la fois suivante.

L'inaction, elle, vous condamne de manière quasi certaine. Vous n'avez rien à faire, le temps s'occupera de vous.

Avoir peur de l'action, cela revient à craindre votre meilleure alliée au profit d'une ennemie aussi redoutable qu'efficace : l'inaction.

Voici donc un résumé des leçons clés que j'ai pu tirer de mon succès personnel pour développer un état d'esprit solide et que j'ai mentionnées jusqu'ici :

– Soyez bienveillant.
– Pensez avec votre cerveau, pas avec vos émotions.
– Sachez prendre des risques, c'est-à-dire prenez des <u>risques calculés</u>.
– Surmontez votre peur en analysant froidement les faits, en apprenant et en agissant
– Apprenez en permanence. Ne cessez jamais d'apprendre.
– Apprenez à désapprendre, à remettre en cause vos convictions, vos idées reçues. En bref, apprenez à vous remettre en cause.
– Fuyez les individus négatifs, toxiques et autres boulets.
– Méfiez-vous des apparences, notamment des experts et surtout des faux experts.
– Arrêtez de penser « Je ne peux pas y arriver ». Interdisez-vous de penser « Je ne peux pas y arriver ». Pensez dorénavant « Comment faire pour y arriver ? ».
– Arrêtez de travailler dur et travaillez intelligemment.
– Soyez opportuniste (dans le sens noble du terme).
– Ayez des projets de vie, des rêves à réaliser, la foi et le souci de l'intérêt collectif. Vous ne carburerez plus au diesel, mais à un mélange maison détonant !
– Agissez et ne vous laissez pas détruire à petit feu par l'inaction. Ne laissez pas la concurrence, les modes, les techniques, les technologies... venir à bout de vous. Devancez-les !

Avant de passer au sous-chapitre suivant, il me reste un dernier point à ajouter : n'oubliez jamais d'où vous venez.

Que vous origines soient ouvrières, aristocrates, bourgeoises ou autres, n'oubliez jamais vos origines : elles sont non seulement vos racines identitaires, mais aussi votre point de départ, votre point de référence.

À partir de ce point de départ, soit vous stagnez et au final n'achevez rien de particulier. Soit, vous régressez et dans ce cas vous avez détruit une partie de ce que vos ancêtres ont construit. Soit, vous progressez et ajoutez à ce qu'ils ont construit. Dans ce cas vous consolidez, développez, capitalisez.

Même si j'ai grandi dans un environnement familial agréable et chaleureux, avec des parents qui m'ont toujours encouragé et jamais forcé, dans le confort douillet de la classe moyenne, mes origines n'en demeurent pas moins modestes.

J'ai beaucoup souffert de la perte d'une grand-mère décédée de la maladie d'Alzheimer. Elle était issue d'une bonne famille. Elle a perdu son père, seule source de revenu de la famille, lors d'un bombardement allié sur la région parisienne la veille de Noël. Il lui a fallu trouver un travail rapidement et elle a ainsi eu une longue carrière modeste d'employée d'assurance. Mon grand-père, qu'elle a épousé alors qu'il revenait de 5 ans de captivité de guerre en Allemagne, avait un emploi similaire au sien. Tous les deux ont travaillé durement avec le souci d'économiser chaque mois. Ils ont toujours veillé à ce que je ne manque de rien voire à me gâter un peu trop. Ses derniers moments de lucidité, ma grand-mère les a passés anxieuse à me voir au chômage et en plein divorce. Quand j'ai commencé à réussir, elle ne comprenait plus ce que je lui disais. Et puis Londres, Genève, Pékin... tous ces noms de pays pour elle qui n'avait jamais quitté son pays... J'aurais tellement aimé qu'elle me voit réussir, en grande partie grâce à ses efforts, qu'elle soit fière de son petit-fils.

À sa mort, il lui restait un petit capital. Les économies d'une vie. Moins d'un mois de mon salaire net actuel. Ceci m'a marqué et restera gravé au fond de moi jusqu'à mon dernier souffle. Je sais d'où je viens. Je sais ce qu'est la valeur de l'argent. Je sais que ce que j'ai réussi à construire, à gagner, je peux le perdre.

Savoir d'où on vient, regarder ce que l'on a construit par rapport à nos parents, apprécier la valeur des choses et transmettre aux futures générations, est fondamental. J'ai vu trop de personnes grisées par l'argent, le pouvoir, la gloire, qui perdent de vue la valeur des choses, oublient ce qu'est l'amour des siens, renient leurs origines et s'inventent un passé glorieux. Tout ceci pour finalement imploser financièrement, socialement ou humainement.

N'oubliez donc pas d'où vous venez. Vous rendrez fiers vos parents, grands-parents... Sans compter vos enfants qui seront fiers de leurs parents et vanteront vos mérites dans la cour de récréation.

2.4.
Avoir des compétences
et ne pas cesser d'apprendre

Pour maximiser vos chances de survie et d'évolution dans l'entreprise, vous devez être compétent dans votre domaine. Autrement dit, vous devez être un bon. Et bien plus encore.

Cela veut dire en premier lieu que vous devez maîtriser, ou au moins comprendre, non seulement les différents aspects de votre métier, mais aussi de celui de vos collaborateurs. Même s'il n'est ni pâtissier ni saucier, un chef cuisinier sait en général faire un gâteau ou une sauce.

Ce que vous ne maîtriserez pas aura forcément plus de chances de vous échapper. Votre patron risque de vous poser des questions sur lesquelles vous ne saurez ni répondre ni même avoir le moindre avis, parce que vous ne maîtrisez pas suffisamment le sujet. Un collaborateur négligent, incompétent, paresseux risque de faire capoter un projet que vous menez si vous n'êtes pas capable de revoir, questionner, vérifier la qualité de son travail, parce que vous ne maîtrisez pas suffisamment le sujet.

J'ai vu des managers licenciés lors de réorganisations parce que leurs subordonnés étaient capables de faire autant qu'eux, souvent plus, souvent mieux et pour moins cher. Par contre, j'ai vu des managers capables de faire le travail de plusieurs subordonnés : le manager est resté, plusieurs subordonnés sont partis.

N'oubliez pas les jeunes : si vous stagnez, leurs compétences rattraperont les vôtres et votre rapport performance/prix perdra en compétitivité. Et n'oubliez pas les modes qui passent, les techniques qui évoluent, la concurrence internationale, parfois issue de pays que vous ne savez pas localiser sur une carte.

Faites attention à l'ego et aux croyances collectives. « Ils sont en retard », « Ils n'y arriveront jamais », « Nous sommes les meilleurs » ... Toutes ces phrases qui rassurent mais qui endorment la vigilance face à la concurrence. Les vendeurs de Xerox étaient considérés parmi l'élite de la vente. Oui, mais que vendre quand le marché de l'impression et de la photocopie a disparu au profit du 100 % digital ? Oui, Nokia était le premier fabricant de téléphones mobiles, mais quel est son classement aujourd'hui ? Oui, les Russes étaient en retard pour produire la bombe atomique. Mais il n'empêche que leur retard a été rattrapé en quelques années. La Chine aujourd'hui compte de nombreux champions parmi les plus grandes entreprises de la planète, envoie une mission sur la Lune et compte de solides compétences en intelligence artificielle alors qu'il y a 30 ans, personne ou presque ne l'aurait imaginé un seul instant.

Ne vous endormez jamais sur vos lauriers. Si vous n'avez plus faim, certains, eux, ont l'appétit aiguisé et vont convoiter votre steak. Parfois à quelques mètres de vous, parfois à des milliers de kilomètres, parfois les deux.

Il vous est impératif de consolider vos compétences, mais aussi de les élargir.

Si vous travaillez pour une fonction support, vous devez apprendre la réalité de l'activité de votre entreprise. Combien de spécialistes de la qualité, de l'audit, du contrôle, des achats, de la finance, des ressources humaines... travaillent au siège de leur société, sans connexion avec le terrain ? Combien savent réellement comment sont conçus, produits et vendus les produits ou services de leur société ?

Le résultat de cette déconnexion est simple : le travail ne supporte pas l'entreprise, mais entretient des couches de lourdeur administratives qui pèsent sur la performance financière. Mais là encore, ce qui est un problème ou une fatalité pour la plupart doit être une opportunité pour vous.

Prenons l'exemple des retours produits et des invendus. Tous les deux coûtent cher, voire très cher, chaque année aux entreprises. Souvent, les entreprises font des statistiques, parfois avec des outils informatiques sophistiqués, remplis parfois à la va-vite par des opérateurs mal payés et poussés à la cadence, et consolidés dans de superbes graphiques en 3D. Des analystes, diplômés comme il faut, analysent ces données et les transforment en superbes rapports pour leur direction. Mais le plus souvent, aucun d'entre eux n'a affaire au client : pourquoi n'achète-t-il pas le produit ? Pourquoi, s'il l'achète le renvoie-t-il ? Ces analystes devraient passer en réalité plus de temps dans les points de vente et les entrepôts gérant les retours pour comprendre les causes réelles et discuter de solutions pratiques avec les vendeurs, les logisticiens et pourquoi pas les clients.

Je ne connais pas un dirigeant qui dirait non à quelqu'un lui disant : « Les invendus ont augmenté de x % par rapport à l'année dernière et les retours produits sont en hausse de y % soit un coût annuel de z millions de dollars. Nous avons les chiffres, mais devons en comprendre l'origine réelle pour mettre en œuvre les meilleures actions. Je vous propose de passer trois mois dans nos différents points de vente pour observer, comprendre le problème des invendus avec nos équipes de vente, comprendre le problème des retours produits avec nos équipes logistiques, et revenir vers vous avec un rapport complet, incluant un plan d'action chiffré, construit ensemble avec la finance, le département commercial et la logistique. Pour cela, j'ai besoin de votre feu vert... ». Ce genre d'actions vous transforme d'analyste obscur en apporteur de solution, en rassembleur, en leader. C'est une chance unique de vous faire remarquer à haut niveau et de progresser.

Par contre, il vous faut comprendre vos produits (idéalement les essayer au quotidien), apprendre du fonctionnement de la logistique, apprendre des comportements clients, apprendre du secteur d'activité et de ce qui influence à la hausse ou à la baisse sa demande... Bref, il va vous falloir apprendre beaucoup. Plongez-vous dans les livres, Internet, les rapports disponibles, les sites des concurrents, les blogs de testeurs et de professionnels... Allez à la rencontre des professionnels de la vente et de la logistique dans votre entreprise, expliquez-leur que vous cherchez à comprendre la situation actuelle. Proposez-leur une invitation à déjeuner s'il le faut. L'investissement en vaut la peine. Vous apprendrez. En plus, vous établirez des contacts utiles pour la suite qui pourront, si nécessaire, constituer une équipe pour vous aider.

En fonctionnant ainsi, vous apprendrez un maximum, consoliderez vos compétences et créerez des opportunités de marquer des points.

Il vous faut également apprendre comment fonctionnent les personnes au-dessus de vous et celles en dessous.

Les managers rendent des comptes aux dirigeants qui eux-mêmes en rendent aux actionnaires. Les actionnaires, en règle générale, ne veulent qu'une chose : de la rentabilité. Autrement dit, apportez de la valeur ajoutée à un manager ou à un dirigeant et vous l'aiderez à se faire valoir par son niveau supérieur. Eux aussi veulent survivre. Eux aussi veulent progresser.

Si deux de vos gros concurrents fusionnent, ils risquent de devenir encore plus redoutables. Pour y faire face, votre société devra être encore plus performante. Les manques à gagner en vente, le gaspillage lié à la gestion des retours ont encore plus de raisons d'être rapidement traités. C'est encore meilleur pour vous.

Comparez la rentabilité de votre entreprise et celle de ses concurrents. Si celle de votre entreprise est moins bonne, les dirigeants sont probablement sous pression des actionnaires pour l'améliorer. Toute solution sera dès lors la bienvenue. À vous de jouer !

Au niveau des retours, vous aurez certainement affaire à des magasiniers. Comprenez leur rôle et son évolution. C'était comment lorsqu'ils sont arrivés ? Ils vont expliqueront probablement qu'il y avait dix personnes de plus il y a cinq ans, que la charge de travail a explosé ces 3 dernières années, que des consultants, jeunes et élégants sur eux, ont mis en place un outil de reporting qui fait perdre du temps... Encore un problème dans le problème, encore une opportunité dans l'opportunité pour vous.

Vous comprendrez alors que les rapports sont peu fiables, les cases cochées parfois au hasard et pourquoi la direction est à côté d'une réalité qu'elle ignore.

Peut-être qu'un outil informatique plus simple, des contacts plus réguliers avec les magasiniers sont une solution. Créez votre réseau à votre niveau jusque sur le terrain : vous apprendrez la réalité du terrain, serez connecté au terrain et aurez une longueur d'avance sur vos collègues qui ne prennent pas le temps de faire cet effort. Obtenez votre information, mais aussi débrouillez-vous pour améliorer le quotidien des magasiniers : faites-leur perdre moins de temps par exemple avec l'outil informatique en réduisant l'information requise au minimum. Gardez les chiffres et remplacez les cases par des échanges face à face réguliers. Tout le monde y gagnera. Vous et votre direction en fiabilité, les magasiniers chargés du travail en pénibilité.

N'apprenez pas que les éléments techniques.

Apprenez aussi la communication. Rendez puissants vos messages. Apprenez à vendre, à convaincre, à présenter simplement avec des faits des choses complexes. Apprenez PowerPoint et maîtrisez cet outil. Apprenez les bases de la rhétorique pour faire face aux attaques de vos adversaires.

Apprenez les bases du droit si vous êtes technicien, ingénieur ou financier. Apprenez les bases de la finance, sachez lire un bilan et un compte de résultat si vous êtes un ingénieur ou un juriste.

Apprenez les bases de l'économie. Intéressez-vous à la géopolitique.

Apprenez sur vous-même et apprenez à prendre du recul sur votre vie. Apprenez de la vie des autres et de leurs expériences. Lisez des biographies de personnages suscitant votre curiosité. Apprenez l'histoire des sociétés, des pays, des cultures. Intéressez-vous à la philosophie, découvrez ou redécouvrez les stoïciens, lisez ou relisez Marc Aurèle et ses « Pensées pour moi-même ».

Apprenez de la science, de l'univers, des animaux. Ces derniers nous en apprennent beaucoup sur nous-mêmes.

Explorez la science-fiction pour imaginer le futur et vous y projeter.

Les livres, Internet, la télévision, la radio, les conférences, la presse, les podcasts... Les supports pour apprendre sont tellement nombreux, profitez-en.

Comprenez l'univers dans lequel vous évoluez, le monde dans lequel vous vivez, le secteur dans lequel vous travaillez, les personnes que vous côtoyez, le métier que vous exercez, les concurrents qui vous menacent, vous-même.

Apprenez. Encore et toujours. Et surtout, n'arrêtez jamais.

Très souvent, ceux qui échouent répondent qu'ils n'ont pas le temps d'apprendre, qu'ils n'ont plus l'âge, qu'ils ont quitté l'école depuis longtemps. Pourtant, tous ceux que je connais et qui ont réussi ont cette envie d'apprendre en permanence. Ils se forment avec plaisir pour réaliser les différentes étapes nécessaires à leurs objectifs. Et quand je lis les biographies ou les livres des grands hommes de l'Histoire, ou de ceux qui réussissent dans le monde actuel, tous ont cette soif d'apprendre, de comprendre.

Pour apprendre, entourez-vous de personnes qui ont réussi. Apprenez d'eux. Apprenez des meilleurs. Ils vous tireront vers le haut et non vers le bas. Si vous n'en connaissez pas, lisez les livres qu'ils écrivent, regardez leurs vidéos ou interviews, suivez leurs formations, écoutez leurs podcasts... Les moyens ne manquent pas, surtout aujourd'hui.

Si vous n'avez pas l'habitude de lire, ce n'est pas grave. Fixez-vous un objectif modeste de 20 pages par jour, ce qui fait 10 feuilles par jour, c'est-à-dire en apparence rien. Mais au bout d'un mois, cela fait 600 pages, soit facilement 2 livres ! Sur 12 mois, cela représente 24 livres et 120 sur 5 ans. C'est énorme et si facile : un petit effort quotidien, régulier sur la durée et vous y arriverez.

2.5.
Avoir une ouverture d'esprit
et voir large (le « nexialisme »)

Un esprit ou un angle de vision restreint réduiront vos chances de survie dans l'entreprise et élimineront quasiment toute chance de progression.

Comme en voiture, le danger peut-être devant, derrière, sur les côtés et dans les angles morts. Comme en voiture, connaître la région, les raccourcis, les horaires de pointe, aident à gagner du temps.

Rappelez-vous les chapitres précédents : ne jamais cesser d'apprendre, rien n'est illogique, la bienveillance. Ces trois éléments ensemble vous aideront à accroître de manière exponentielle votre capacité à voir large, à éviter un maximum de dangers tout en étant capable de détecter un maximum d'opportunités.

Beaucoup de personnes se contentent de contempler ce qu'ils voient. Une petite minorité cherche à comprendre comment c'est arrivé. Et une encore plus petite minorité, nous pourrions même dire une infime minorité, cherche à comprendre non seulement comment c'est arrivé, mais aussi pourquoi. Et là, il n'y a pas à hésiter. Si vous voulez augmenter vos chances de survivre et d'évoluer, vous devez faire partie de l'infime minorité.

D'abord, prenez l'habitude de multiplier les points de vue. En cas de désaccord entre plusieurs personnes, prenez le temps de comprendre les craintes et les souhaits que chacun a derrière ses revendications. Et comprenez pourquoi.

Je me souviens d'une confrontation entre les salariés d'un site de production et leur direction. Les premiers revendiquaient des hausses de salaire. La direction, quant à elle, expliquait qu'elle ne pouvait pas du fait des mauvais résultats financiers. À partir de là s'est engagé un dialogue de sourds particulièrement houleux.

Comment résoudre ce problème ? En augmentant les salaires bien sûr puisque c'est ce que les salariés souhaitaient. Malgré les mauvais résultats financiers, une petite hausse aurait effectivement pu être envisagée sans mettre en péril la société. Mais en creusant, notamment en discutant de manière indépendante avec les salariés, je me suis rendu compte qu'ils souffraient de leur travail. Les cadences étaient trop rapides. L'automatisation de cette cadence associée au bruit, à la répétitivité pendant des années des mêmes gestes usait tout simplement les corps et les esprits. Sans compter la rigidité à la limite de l'inhumanité de certains chefs d'ateliers refusant que des mères s'absentent pour visiter leur enfant hospitalisé.

Le pourquoi du problème n'était donc pas l'argent, mais les conditions de travail épuisantes et le manque de considération. Le ralentissement de la cadence a été compensé par un aménagement du temps de travail des équipes. Les pauses ont été rallongées et les salles de pauses rendues plus cosy. Des rafraîchissements, du thé, du café, des fruits frais étaient à disposition dans un espace plus calme, offrant des sièges confortables pour se relaxer. Des brioches et des croissants étaient disponibles chaque matin et chaque vendredi les salariés partaient une heure plus tôt. Le supplément de coût a été très faible pour la direction. Le climat social s'est nettement amélioré et les salariés ont fortement apprécié.

L'entreprise continua deux ans de plus avec des difficultés financières, mais plus une seule revendication d'augmentation des salaires. La troisième année s'est avérée financièrement faste. Chaque salarié a touché un bonus correspondant à un mois de salaire, sans rien avoir demandé. Aucun salarié n'a démissionné de l'entreprise durant cette période.

L'argent est souvent la monétisation de problèmes plus profonds. La grogne des contribuables serait certainement plus faible si dans certains pays les impôts payés garantissaient une vraie retraite, la protection contre le chômage, la sécurité, la santé ou l'éducation. En réalité, elle est justifiée en grande partie par le fait que les impôts n'y cessent d'augmenter, que les retraites y sont menacées, que la précarité de l'emploi et l'insécurité n'y cessent de croître, que l'offre de soin ou la qualité de l'éducation ne cessent de diminuer. Et donner quelques centaines de dollars ou d'euros de plus par an ne suffit pas à régler le problème.

Multiplier les points de vue, chercher le pourquoi en plus du comment est donc essentiel. Autant qu'arrêter de penser « Ce n'est pas pour moi » ou « Je ne peux pas y arriver » pour remplacer ces phrases-excuses par « Comment puis-je y arriver ? ».

L'Histoire sera une alliée précieuse. Cherchez à comprendre l'histoire de la société où vous travaillez. Essayez de trouver quelqu'un dans l'organisation, si possible à un bon poste, qui a vécu une bonne partie de l'histoire de l'entreprise. Allez le voir et expliquez-lui que vous aimeriez en savoir plus sur l'histoire de la société, son ADN, et que vous aviez compris par ouï-dire qu'il pouvait vous y aider. S'il est très occupé, essayez de déjeuner avec lui. Apprenez de la culture des sociétés fusionnées, leurs forces, leurs faiblesses, comprenez qui vient de quelle entité et qui vient de telle autre. Essayez de comprendre les clivages, les clans, les luttes qui ont pu se produire... Non seulement vous apprendrez énormément sur votre environnement quotidien, mais en plus vous vous serez fait un contact à haut niveau, que votre curiosité n'aura pas manqué d'interpeller.

Et au-delà de votre entreprise, plongez-vous dans l'Histoire. L'Histoire des techniques, des modes, des religions, de la pensée, des sciences, des civilisations. Apprenez de personnages à la vie passionnante. Votre esprit se clarifiera chaque fois un peu plus.

L'Histoire tend à se répéter. Vous y trouverez des analogies pertinentes avec des situations actuelles. Vous pourrez réfléchir comment un dénouement historique peut s'appliquer dans la situation actuelle. Les ventes de produits similaires avaient chuté il y a 20 ans déjà : comment, pourquoi ? Quelles solutions et quelles erreurs ont été commises à l'époque ?

Le présent est par ailleurs forgé par le passé. Observez la situation il y a 50 ans, 20 ans, 10 ans, 5 ans, 1 an en arrière et aujourd'hui. Vous verrez des tendances qui se dessinent. Des baisses, des hausses, des cycles, des accidents : essayez de les identifier, de les expliquer. Essayer de prolonger ces tendances pour projeter un futur probable. Celui (ou celle), qui pense ainsi a de grandes chances d'avoir en permanence des coups d'avance sur les autres, tel un bon joueur d'échecs.

Comprendre tous les points de vue, rechercher le pourquoi en plus du comment, apprendre de l'Histoire vous aidera à maximiser votre ouverture d'esprit.

Associez ces capacités à l'apprentissage permanent, dans des domaines multiples dont vous verrez qu'ils finissent toujours par se recouper plus ou moins. Vous développerez une faculté d'adaptation, d'anticipation, de résolution des problèmes complexes exceptionnelle.

Apprenez dans tous les domaines, y compris la communication. Apprenez aussi à cultiver votre image et étudiez quelques bases de psychologie, intéressez-vous aux neurosciences au travers de revues scientifiques vulgarisant ces sujets complexes pour le grand public. Vous optimiserez votre communication, ferez passer plus efficacement vos messages, vendrez plus facilement vos idées.

L'écrivain Alfred van Vogt, dans son ouvrage La Faune de l'espace a donné un nom à cette capacité de lier des savoirs multiples : le « nexialisme ».

Le manager « nexialiste » est un champion de la performance. Ses résultats sont uniques, car il combine une multitude de facteurs qui rendent ses actions précises, ciblées, soumises à un minimum d'aléas.

Gardez l'esprit ouvert et cultivez votre « nexialisme ». Vous déculperez vos capacités mentales et créatives, et finalement vos résultats.

J'ai eu à traiter des sinistres d'assurances particulièrement complexes. Certains à plusieurs dizaines voire plusieurs centaines de millions de dollars. J'ai pu dans certains cas augmenter le montant de l'indemnité de plus de 50 %.

Comment ? En vérifiant, challengeant tout le travail de l'expert d'assurance, ligne par ligne. Sans être expert dans aucun de ces domaines, j'avais les bases en droit, en gestion, en logistique, en fiscalité, en assurance, en Microsoft Excel, en gestion de projets... qui m'ont permis de faire ce travail, de poser les bonnes questions et de coordonner ensuite des groupes d'experts. Nous avons, sur chaque point discutable, élaboré une stratégie de réponse avec un montant alternatif, solidement démontré techniquement et juridiquement. Le résultat a plus que payé. Si je n'avais pas eu de connaissance en assurances, cela n'aurait pas marché. Si je n'avais pas eu de connaissance en gestion de projets ou en droit, cela n'aurait pas marché. Cette stratégie a marché parce que j'avais des bases suffisamment bonnes dans ces différents domaines. La valeur ajoutée a été considérable.

Les meilleurs managers, experts, leaders, entrepreneurs que j'ai pu rencontrer étaient tous des « nexialistes » et ils passaient un temps colossal à apprendre des autres. Souvent, ils ne fréquentaient presque exclusivement que des personnes qui leur apprenaient des choses nouvelles, qui les tiraient vers le haut.

2. 6.
Avoir une capacité d'observation et d'écoute

Tout le monde voit et écoute. Pourtant très peu savent observer et réellement écouter.

Quand j'ai commencé à travailler, avec mon petit ego gonflé par mon diplôme fraîchement obtenu, je parlais, agissais, mais je ne savais ni observer ni écouter. Et cela m'a valu de nombreuses déconvenues.

Pour comprendre un problème et détecter des opportunités, il est essentiel d'observer et pas seulement de voir. Nous revenons sur la question du comment et du pourquoi. Observer implique de comprendre le comment. Une observation approfondie, complétée par la connaissance adéquate vous permettra de définir le pourquoi.

Observer un problème, c'est l'observer de sa source jusqu'à sa matérialisation. Quelle est la source ? Quel est son cheminement ? Comment prend-il de l'importance ? Quelles sont les étapes qui augmentent ou freinent l'expansion du problème ? Tous ces éléments sont à explorer et à clarifier.

Parfois, le problème n'est pas que technique. Les problèmes (et donc les opportunités) se situent souvent dans les interfaces. Interface entre contractants, interface entre départements, interface entre plusieurs contrats, interfaces entre plusieurs systèmes ou logiciels informatiques... Les interfaces sont d'autant plus nombreuses que l'entreprise est importante et les intervenants nombreux. Il suffit de deux personnes qui ne s'apprécient pas, chacune dans un service différent, pour que les dossiers envoyés par l'une soient placés sous le dessous de la pile par l'autre. Parfois, c'est une vraie guerre entre départements.

Observez dans les réunions qui regarde qui, comment. Vous verrez des sourires discrets, des clins d'œil, des regards inquiets, des signes discrets, parfois des discussions par Whatsapp ou Wechat en live...

Écoutez également les avis des chacun. Écoutez les rumeurs, sans les colporter, et en les prenant avec toutes les précautions qui s'imposent.

Vos sens sont de précieux alliés. N'oubliez pas que vous êtes en territoire à risque et que l'entreprise est une jungle moderne. N'oubliez pas que vous n'avez pas qu'un cerveau et un cœur, mais aussi des yeux et des oreilles.

2.7.
Avoir le goût du travail bien fait

Ce qui est fait à contrecœur est souvent moins bien fait que ce qui est fait de bon cœur.

Votre réputation est un actif clé que vous devez entretenir avec le plus grand soin. Il vous faudra des années pour la construire et quelques négligences seulement pour la détruire.

Faites quelque chose que vous aimez un minimum et dans lequel vous trouvez un minimum d'intérêt. Sinon, essayez de changer si cela vous est possible.

Si vous faites quelque chose que vous aimez, votre travail sera moins fatigant, mieux fait, car vous y trouverez une source de satisfaction qui vous motivera. Vous vous impliquerez naturellement plus, serez plus motivé à approfondir le sujet, à l'élargir, à l'améliorer. Vous capitaliserez sur votre cœur de connaissance : votre expertise se consolidera jour après jour et s'étendra à un périmètre plus large. Tout simplement, vous augmentez les chances de promotion, internes ou externes.

2.8.
Avoir du temps

Le temps est votre ressource la plus précieuse. Nous aimerions tous avoir plus de temps, mais malheureusement nous ne pouvons pas rallonger les 24 heures qui composent une journée.

Plus nous avançons dans la vie, plus nous nous rendons compte que le temps passe vite et qu'il est limité. Nous nous rendons compte aussi que nous passons l'essentiel de notre vie à dormir, à travailler et à se déplacer, y compris entre notre domicile et notre travail. Nous nous rendons compte que nous passons plus de temps au travail qu'avec notre famille.

Ce temps qui file, nous avons cependant la possibilité de le gérer, de le gaspiller ou non.

Concernant le sommeil, je me rappelle des années étudiantes. Je pouvais travailler ou sortir toute la nuit et aller le lendemain sans problème à l'université. Aujourd'hui, si je sors toute la nuit, je vais avoir besoin d'une semaine pour m'en remettre. J'essaie donc, autant que possible, de limiter les sorties le soir en semaine et m'offre des sorties plutôt les vendredis et les samedis, rarement après une heure du matin.

J'avais également tendance à me coucher chaque soir à n'importe quelle heure et à me lever tardivement. Un jour, j'ai lu un article sur les gens qui réussissent. Cet article disait qu'ils se couchaient à horaires réguliers et se levaient tôt. Cela ressemblait à une bonne farce. En quoi se lever tôt est-il un facteur de succès ? En quoi se coucher à horaire régulier aide-t-il au succès ? Je ne voyais pas le lien.

Un jour, il m'a fallu arriver tôt au travail pendant 15 jours. Me lever à 5 heures et demie chaque matin était difficile et le soir, j'étais fatigué à 21 heures. Mais au bout de quelques jours, je me suis rendu compte que mes journées étaient devenues bien plus productives et que j'abattais des quantités accrues de travail. Le début de matinée est calme, sans agitation. Pas de téléphone. Pas de mail. Pas de collègue qui frappe à la porte. Accompagnées d'un bon café, les premières heures de mes journées me permettent de me concentrer de manière exceptionnelle sur les dossiers les plus complexes. En prenant cette habitude de me coucher plus tôt et de me lever plus tôt, de manière régulière, je me sens moins fatigué, davantage en forme. Et au lieu de partir tard, je pars du travail plus tôt.

La bonne farce était en fait une révélation, un secret d'efficacité. Et maintenant je comprends pourquoi cet article disait que ceux qui réussissent se levaient et se couchaient tôt.

Au travail, j'avais également un certain nombre d'idées reçues et d'espoirs qui, au final, ne m'ont jamais rien fait gagner sinon fait perdre beaucoup de temps.

La première de mes croyances était de travailler dur pour gagner plus. Dans ce cas, si je travaille très dur, je vais gagner encore plus. Et si je m'épuise au travail, ce sera le jackpot. Voilà le raisonnement simple, pour ne pas dire simplet, que j'avais en tête. Alors, je me suis épuisé au travail pendant des années, ne comptant ni mes heures, encore moins mes week-ends. Je répondais même à chaque email durant mes vacances.

La première année, j'attendais la récompense pour tant d'efforts et rien. La deuxième année, rien. Peut-être vais-je devoir faire preuve de patience et attendre la troisième année... Mais non, toujours rien. J'étais noté comme bon à chaque fois, avec beaucoup de compliments très flatteurs, mais je n'obtenais ni bonus additionnel ni promotion. Et puis, à côté de moi, des personnes qui semblaient en faire 2 fois moins, partaient à 17 heures du bureau, étaient promues, gagnaient des bonus exceptionnels. C'était le monde à l'envers.

Et puis est arrivé ce jour où ma santé m'a lâchée et j'ai fini hospitalisé. Après cet épisode, je ne pouvais plus m'épuiser comme avant, cela devenait dangereux pour ma santé. Alors, contraint, j'ai travaillé moins, partait plus tôt. Et j'obtenais les mêmes résultats en fin d'année !

Ce que l'on me demandait en réalité était de faire mon travail, pas plus. Et je repensais à cette citation de Confucius : « Celui qui dépasse son objectif, ne l'atteint pas ». Il avait raison à 200 % et avait tout compris.

Mon travail de base ne me demandait en réalité que quelques heures par jour pour être bien fait. Cela m'a libéré beaucoup de temps. Non seulement, je partais plus tôt le soir et profitais de ma vie personnelle, mais en plus je libérais du temps pour des projets qui allaient développer ma carrière et mon salaire.

Pour ces projets, je les sélectionne toujours très soigneusement. 3 maximum par an. Ils doivent réussir. Pour cela, il me faut concentrer tous mes efforts sur ces 3 projets et ne pas me disperser. En général, je mets les 2 plus simples dans mes objectifs annuels et réalise le troisième à part. Si ce troisième projet réussit, c'est un plus. S'il échoue, je ne suis pas pénalisé en fin d'année. Je m'arrange également pour que ma charge de travail, incluant mon travail quotidien et mes 2 ou 3 projets annuels, reste raisonnable et me permette de partir tôt du bureau.

Je cherche également à économiser du temps pour réaliser au mieux ces projets. N'étant pas un génie, j'aime m'inspirer des génies. Et l'un d'eux, le physicien Albert Einstein, a allumé une lumière de plus dans mon cerveau. Quand un journaliste lui a demandé s'il avait une heure pour résoudre un problème dont la solution lui sauverait la vie, il aurait répondu qu'il consacrerait 55 minutes à comprendre le problème et seulement 5 à élaborer la solution. En appliquant ce principe, j'arrive à résoudre les dossiers complexes et à mener avec succès la plupart de mes projets à forte valeur ajoutée.

Je laisse le problème, la question dans un coin de mon cerveau. Et le temps fait son œuvre. Le sujet se clarifie et se simplifie peu à peu. Les idées viennent, la stratégie et les actions à mener se dessinent peu à peu. Et au bout de quelques mois, le plan d'action est clair, presque mûr, quasiment prêt à être exécuté. Le temps passé sur ces projets à forte valeur est ainsi minimisé. Autant de temps gagné pour faire autre chose.

Au travail, j'ai également appris à ne pas donner sans recevoir. La première application est quand votre patron vient vous voir pour vous confier un nouveau projet. Dans tous les cas, je montre un vif intérêt, même simulé. Si le dossier semble bon, à forte valeur ajoutée, avec une possibilité de marquer des points vis-à-vis de la hiérarchie, je le prends pour l'étudier sous 24 heures et évaluer ma capacité à le traiter comme il se doit. Si le dossier ne présente pas d'intérêt majeur, sinon une charge de travail additionnelle, ma réponse est toujours la même : « Je veux bien. Cependant j'ai beaucoup de dossiers en cours et si je traite celui-là, il me faudra renoncer aux dossiers X et Y (sous-entendu pour mon patron et moi qui pouvons marquer des points sur ces dossiers) ». La réplique est souvent la même : « Effectivement, continue sur ces dossiers, ils sont prioritaires. Je vais confier ce projet à quelqu'un d'autre. » Et ça marche. Ce qu'il faut, c'est monnayer ce projet inintéressant contre quelque chose qui va faire perdre à votre patron ou apporter encore plus de problèmes qu'il n'en a déjà.

Au travail, je fuis également les réunions inutiles ou pour lesquelles ma présence n'est pas impérativement requise par une autorité supérieure. Je demande toujours le sujet de la réunion, ce qu'on attend de moi, en quoi ma valeur ajoutée est requise, etc. Et souvent, après vérification, ma présence y est inutile. Ou si un point non majeur est discuté, je laisse quelqu'un de mon équipe préparer le sujet, je le revois avec lui et il s'occupe d'assister à la réunion. Encore des heures gagnées chaque semaine.

Enfin, je dis souvent non. Tout ce qui n'est pas impératif, source d'économies ou de cash, tout ce qui n'est pas lié à mes objectifs, je dis quasiment toujours non. Quasiment, car il m'arrive de faire des exceptions, notamment pour aider un collègue qui a besoin d'aide et que j'apprécie.

Et je dis non au présentéisme. Je reste au bureau si j'ai quelque chose à y faire, sinon j'en pars. Inutile de laisser une veste sur son siège pour faire croire à une présence dont tout le monde sait qu'elle est bidon. Il m'arrive de rester à 22 heures au bureau, mais c'est très rare. Cela ne se produit dans pour des dossiers majeurs, pour lesquels je ne peux pas faire autrement du fait d'un timing court ou d'interlocuteurs basés sur des fuseaux horaires lointains.

En plus de mieux gérer le sommeil et le temps au travail, j'ai également appris à mieux le gérer dans ma vie personnelle.

D'abord, je délègue certaines tâches comme le ménage ou le repassage qui m'ont fait économiser une journée par semaine. Mais jamais les enfants. Certains parents envoient leurs enfants à un cours de cuisine. Mieux vaut passer du temps à apprendre à ses enfants à cuisiner. Ils adoreront apprendre de vous, vous garderez un bon souvenir et surtout vous ne regretterez pas, une fois qu'ils sont adultes, de ne pas avoir passé suffisamment de temps avec eux. Et si vous ne savez pas cuisiner ou ne connaissez pas la recette, apprenez avec votre enfant : c'est plus sympa à 2.

Ensuite, pour gagner du temps, j'évite les personnes inutiles ou négatives. Je ne « socialise » plus. Au contraire, je préfère passer du temps avec ma famille, de vrais amis (ceux qui ont galéré avec vous, ceux qui vous encouragent toujours, ceux qui vous donnent des idées, ceux avec qui vous pouvez parler à cœur ouvert de tout et de rien) et des personnes qui m'apprennent des choses nouvelles. Perdre 3 heures pour parler de la météo, du trafic, des autres, comparer sa voiture ou sa maison, écouter un coq se vanter... Ce n'est pas pour moi.

Et puis il y a le temps de trajet entre le domicile et le travail. En me rapprochant de mon bureau, j'ai économisé une heure de métro par jour, soit 5 heures par semaine ce qui est énorme. Une demi-journée économisée ainsi chaque semaine, aussi simplement. Pour gagner encore plus de temps, je prends même le bus maintenant ce qui n'a pas manqué de sidérer mes collègues qui préfèrent venir montrer leurs luxueux 4X4 alors qu'ils habitent encore plus près que moi du bureau. En plus de réduire ce temps de trajet, on peut l'utiliser autrement. Soit relaxer son esprit en regardant par la fenêtre, soit en apprenant. On peut lire dans le train si le trajet dure un peu, écouter un podcast ou la radio en conduisant.

Et puis ne rien faire parfois fait le plus grand bien. Parfois on me demande ce que j'ai prévu de faire le week-end qui vient et je réponds : « Rien, je vais traîner au lit à lire un roman ou regarder un bon film ».

2.9.
Avoir le bon entourage

La vie n'est pas quelque chose de simple et notre temps est compté. Nous avons vu que nous pouvions économiser du temps, parfois beaucoup, grâce à des actions simples.

Parmi ces actions simples à mettre en œuvre, nous avons évoqué celle d'éviter de gaspiller du temps avec des personnes inutiles, négatives ou toxiques. Non seulement ces personnes consomment votre temps, et donc votre vie, mais en plus elles vous tirent généralement vers le bas. J'ai remarqué plusieurs grands traits de caractère communs à ces personnes.

D'abord, ces personnes inutiles ne vous apprennent rien sinon qu'elles vont faire un voyage aux Maldives prochainement ou vont acheter une nouvelle voiture. Vous pourrez également avoir droit aux ragots ou à une revue des faits divers de la semaine. Ces personnes aiment vous faire sentir qu'elles vous sont supérieures, réussissent mieux que vous alors qu'en réalité c'est rarement le cas. Ne perdez pas votre temps avec des coqs et des dindes qui n'ont rien d'autre que la consommation et la frime pour exister. Personne ne se laisse impressionner par une voiture de luxe achetée à crédit ou une villa achetée à crédit sur 30 ans et qui, tant qu'elle n'est pas totalement remboursée, est un actif appartenant à la banque.

En plus des frimeurs, il y a tous ceux en qui vous ne pourrez jamais faire confiance. Typiquement, ceux qui se nourrissent des confessions de leurs « amis » pour attiser l'intérêt de leurs autres « amis ». Il est impossible d'être sincère avec ces personnes. Vos malheurs se transformeront en histoires qui feront leur bonheur et le succès de leur prochain dîner. Vos projets deviendront publics. Et parfois, tout ce que vous direz pourra être utilisé contre vous.

Ajoutons les toxiques pessimistes, autrement dit ceux pour qui tout est impossible, ceux pour qui vous n'y arriverez jamais, ceux pour qui vos rêves sont illusions, ceux qui vous disent que ce n'est pas pour vous. Ces individus sont particulièrement dangereux, car ils minent vos espoirs dès le départ, sèment un doute qui vous paralyse et vous empêche d'agir.

Ils disent souvent « Ce n'est pas pour les gens comme nous », « Pour faire ça, il faut de l'argent ou des relations », « Tu n'y arriveras jamais », « C'est impossible », « Il ne faut pas se faire remarquer », « Que vont dire les voisins ? », « Tu prends des risques », « L'ambition, c'est dangereux », « Il n'y a pas que l'argent dans la vie », « Tu devrais te contenter de ce que tu as », « Regarde les autres, il y a bien plus malheureux que toi » ... et la liste est si longue que je pourrais en faire un livre entier.

Pourtant, quand on regarde bien, beaucoup de gens qui ont réussi sont partis de peu, voire de rien. Warren Buffett a commencé avec seulement quelques milliers de dollars qu'il a su gérer, sans relation particulière. Comment ces personnes, qui le plus souvent n'ont jamais rien fait de leur vie si ce n'est de trouver des excuses pour ne pas agir, peuvent savoir que vous n'y arriverez pas ? Ont-ils au moins essayé ? Comment peut-on dire que c'est impossible sans avoir essayé ? Comment peut-on dire que c'est impossible quand beaucoup l'ont fait et ont réussi ?

Oui, c'était impossible d'aller de Londres à Tokyo en quelques heures. Oui, c'était impossible d'aller sur la Lune, de communiquer avec quelqu'un à l'autre bout de la planète, de greffer un cœur artificiel, pour un homme de couleur d'étudier dans les meilleures universités américaines ou européennes... Et pourtant c'est maintenant possible.

Fuyez ces personnes qui vous amarrent à la médiocrité, à leur médiocrité. Osez, tentez le coup, et si vous ratez, tant pis, ce sera pour la prochaine fois. Apprenez, formez-vous pour avoir de réelles chances et jetez-vous à l'eau. Vous vous rendrez compte que vous avez pied et que la vie est difficile certes, mais qu'elle peut devenir une savoureuse aventure également.

Parfois, nous ne pouvons pas fuir ces personnes, car elles font partie de nos proches et nous les aimons. Elles cherchent à nous dissuader de faire quelque chose que nous voulons parce que cela leur fait peur. Cela leur fait peur que vous échouiez. Dans ce cas, parlez d'autre chose, n'évoquez pas vos projets avec, profitez pleinement de ces personnes que vous aimez pour leurs qualités et évitez de déclencher leurs défauts.

À l'opposé, passez autant de temps que possible avec des personnes qui vous apprennent des choses nouvelles, qui vous inspirent, vous encouragent, vous proposent leur aide sans contrepartie. Les vrais amis vous encouragent, vous aident.

Nous avons tendance à ressembler aux gens qui nous entourent. C'est normal. C'est notre nature. Restez entouré de gens médiocres et vous deviendrez médiocre. Entourez-vous de bons et vous deviendrez bon à votre tour.

Beaucoup de premiers de classe, dans leur petite ville natale ou leur village, se sentent les meilleurs. Une fois qu'ils sont admis dans les meilleures universités, ils se rendent compte qu'il y a bien meilleur qu'eux. Ils se retrouvent non plus avec les meilleurs de leur ville natale, mais avec les meilleurs de tout le pays, voire au-delà. Et cela change tout. De meilleurs dans leur village, ils deviennent derniers ce qui les oblige à combler leur retard, à travailler comme des forcenés pour devenir bons. Certains échoueront, d'autres développeront un mental de guerrier et finiront au sommet, voire majors de promotion.

Essayez d'apprendre de ceux qui ont réussi en les fréquentant. Je ne parle pas seulement de réussite financière, mais de réussite tout court. Par exemple, des chercheurs passionnés, qui découvrent des choses incroyables, vous en parlent avec enthousiasme, partagent avec vous les bons moments qu'ils ont vécus et les difficultés qu'ils ont dû surmonter. Ils sont souvent brillants et sont souvent intéressés par l'argent pour financer leurs travaux de recherche plutôt que leur piscine.

Vous pouvez apprendre des politiciens lorsqu'ils viennent à la rencontre du public ou en rejoignant un parti politique. Ils vous expliqueront d'où ils viennent, comment ils ont démarré, les épreuves qu'ils ont dû surmonter, les leçons qu'ils en ont tirées, comment ils ont fini par réussir. Certains apprécieront que quelqu'un s'intéresse à leur parcours, cherche à apprendre d'eux et ne se limite pas à écouter leurs fausses promesses en attendant le buffet gratuit à la fin du meeting.

Rencontrez des personnes qui ont réussi dans les affaires. Même si vous ne pouvez pas rencontrer Bill Gates, Richard Branson, Elon Musk ou Bernard Arnault, vous pouvez toujours lire leurs livres et écouter leurs interviews. Il y a aussi beaucoup d'entrepreneurs autour de vous qui ont connu la réussite : un important concessionnaire automobile, le propriétaire d'un restaurant à succès, un investisseur en franchises... Certains sont à côté de chez vous et il n'y a pas à aller bien loin pour les rencontrer.

Et tous les grands hommes et femmes d'exceptions qui ont façonné le monde, rois et reines, scientifiques, inventeurs de génie, philosophes, industriels, financiers, philanthropes, guides religieux ou révolutionnaires, tyrans ou bienfaiteurs, ils sont des milliers à avoir pléthore de livres, vidéos, films, podcasts racontant leurs vies, leurs parcours. À défaut de pouvoir les rencontrer, vous pouvez toujours partager leur vie, leur parcours au travers des récits et des biographies qui leur sont consacrés.

J'en profite également pour évoquer un certain nombre de succès de librairie, accessibles à tous, qui sont excellents pour développer son mental, apprendre à se recentrer sur l'essentiel et développer les bases de la réussite. Préférez ceux écrits par des personnes ayant réussi brillamment dans les affaires (Warren Buffett, Ray Dalio, Robert Kiyosaki, Richard Branson...) plutôt que ceux écrits par des psychologues, des universitaires ou des spécialistes obscurs. Leurs parcours les rendent fondamentalement intéressants et je ne peux que vous conseiller de lire leurs livres, écouter leurs interviews, visionner leurs vidéos, télécharger leurs podcasts : vous ne perdrez pas de temps, mais réaliserez au contraire un véritable investissement.

2.10.
Avoir la santé

Pour réussir, mieux vaut être en forme. Et pour cela, vous n'avez pas d'autre choix que de prendre soin de votre santé et de vous-même.

Comme nous l'avons vu précédemment, débarrassez-vous d'abord de ce qui gaspille votre temps. Utilisez ce temps pour faire ce que vous aimez, apprendre et vous détendre.

Je ne suis pas un sportif de haut niveau, loin de là, mais j'ai redécouvert grâce à un coach sportif exceptionnel sur la région de Genève tout l'intérêt de se sentir bien dans son corps.

Ce super coach m'a aidé à sortir d'une mauvaise période. Plusieurs décès, un divorce, une situation très tendue au travail dans un contexte de réorganisation... et mon moral était au plus bas. Mon plaisir était de rentrer le soir avec une pizza et un bon film. Et un cercle vicieux s'était installé où plus je mangeais pour compenser, plus je prenais du poids, plus je perdais mon énergie et plus je m'auto-dépréciais. Et plus je m'auto-dépréciais, plus je mangeais et me renfermais sur moi-même. J'arrivais à maintenir ma performance au travail, car je connaissais bien mon sujet et mes dossiers. Mais au niveau personnel, j'étais au fond.

Grâce à un programme sur-mesure, progressif, non intensif, il m'a fait perdre du poids. Sans me peser, je sentais cette lourdeur qui me paralysait s'en aller peu à peu. C'est comme si je larguais des boulets un à un. Je me sentais mieux. Mieux dans mon corps et mieux dans ma tête. Naturellement, j'avais besoin de moins manger et de manière plus qualitative.

J'avais récupéré ma confiance en moi, repris des forces et étais prêt à nouveau à affronter un par un les défis qui allaient se présenter à moi.

Ce super coach a été l'un des meilleurs investissements dans ma vie. Au lieu de claquer mon argent dans des choses inutiles, des objets sans intérêt, des restaurants avec des gens inutiles ou toxiques, j'ai investi dans ma santé. Le retour sur investissement est incroyable et je continue à recourir 2 fois par semaine à un coach sportif.

Le surpoids m'a miné et que chaque fois que je reprends un peu de poids, je me sens moins bien, plus fatigué, plus irritable.

Une mauvaise santé vous rendra indisponible pour mener vos objectifs à bien. Vous devez donc vous assurer que vous serez pleinement disponible et non cloué au lit. Faites des bilans de santé réguliers. Allez chaque année contrôler vos dents chez le dentiste, vos yeux chez l'ophtalmologiste, l'audition chez un ORL. Si vous êtes une femme, faites-vous diagnostiquer réguliè-rement pour le cancer du sein. Si vous êtes un homme pour le cancer de la prostate. Vérifiez avec votre assurance santé si vous n'avez pas droit à des bilans de santé gratuits, cela vaut le coup.

Si vous ressentez une fatigue permanente, une difficulté chronique à vous concentrer, que ce soit au travail ou au volant par exemple, vous avez peut-être un syndrome d'apnée du som-meil. Consultez votre médecin habituel qui pourra vous orienter vers un spécialiste pour un diagnostic. Si vous souffrez effective-ment d'apnée du sommeil, suivez un traitement. Cela stimulera votre énergie, votre capacité à vous concentrer et vos perfor-mances.

J'ai également trouvé des bénéfices à marcher chaque jour pour aller et revenir du travail. Le matin, un bol d'air frais aide à se réveiller, à réfléchir à comment organiser sa journée, comment aborder les dossiers urgents. Vous pourrez ainsi vous préparer avant même d'arriver au bureau. Le soir, cette marche vous aidera à faire le bilan de la journée tout en relâchant la pression. Si vous n'avez pas l'occasion de marcher, faites-le après le déjeuner ou descendez à une station de métro ou de bus plut tôt.

Tout ça pour dire : veillez sur votre santé. Vous serez plus performant, plus résistant, plus endurant, plus réactif sur la durée. Vous limiterez aussi les risques d'un accident ou d'une maladie qui pourrait compromettre plus que votre réussite professionnelle.

2.11.
Avoir un mentor

Avoir un ou plusieurs mentors est une chance, en particulier au début de votre carrière quand vous n'êtes pas encore familier avec les rouages de l'entreprise. Cependant, si le mentor est une chance, il peut également se transformer en risque susceptible de compromettre votre avenir. La prudence s'impose donc.

La plupart du temps, votre mentor sera un supérieur hiérarchique qui, voyant en vous un potentiel, vous considérera comme son poulain. Votre mentor peut également être un professeur, un proche de la famille, le membre d'une association ou d'un syndicat professionnel... C'est plutôt le mentor qui choisit son poulain que l'inverse, souvent sur la base d'un feeling très personnel. Une petite phrase originale, une idée intéressante, un point de vue pertinent, des capacités techniques et humaines supérieures à la moyenne... sont autant d'éléments qui attireront à vous les mentors. Dans certains cas, le mentor aura tendance à vous considérer comme un fils (ou une fille) idéal(e) ou se rappellera ses débuts à votre contact.

Le mentor possède des atouts précieux qu'il partagera avec son poulain.

Tout d'abord son expérience des affaires et de l'entreprise. Vous vous familiariserez plus rapidement avec l'environnement dans lequel vous évoluez, vous serez souvent introduit auprès de contacts utiles et influents. Sans compter les innombrables conseils, séances de formation et de coaching dont vous pourrez bénéficier et qui apporteront à votre jeu des cartes de premier choix.

Ensuite, votre mentor vous aidera probablement à faire vos preuves au travers de missions soigneusement sélectionnées qu'il vous apportera sur un plateau. Afin de veiller à votre succès, et indirectement au sien, votre mentor balisera certainement votre chemin et s'attachera à limiter certains risques.

Votre mentor est un atout majeur. Bien sûr, vous pouvez très bien réussir sans mentor, et les exemples de réussites sans mentor sont nombreux. Mais avoir un mentor vous aidera à progresser plus vite, quitte à franchir voire sauter des étapes.

Si vous avez la possibilité et la chance d'avoir un mentor, faites cependant très attention aux risques que cette situation peut comporter.

Tout d'abord, il y a le risque d'avoir un mauvais mentor ou un faux mentor.

Le mauvais mentor est un mentor d'apparence qui finalement vous fera perdre votre temps voire peut être toxique. Certains anciens aiment donner des conseils aux plus jeunes. La qualité de ces conseils dépend souvent de ceux qui les prodiguent. Si votre mentor a fait une belle carrière, a une solide réputation dans la société, compte à son actif des réalisations remarquables, gagne un salaire particulièrement élevé, vous avez certainement affaire à un quelqu'un de crédible et qui pourra vous apporter une réelle valeur. À l'opposé, ceux qui sont marginalisés, placardisés, qui n'ont pas des réalisations solides à leur actif, qui commentent en permanence les décisions de la hiérarchie, mais n'agissent pas, ceux qui vous expliquent comment gérer votre couple alors qu'ils en sont à leur sixième mariage... sont à éviter. En règle générale, suivez les conseils et l'exemple de ceux qui ont réussi.

Le faux mentor va utiliser l'inexpérience et la crédulité des plus jeunes pour jouer au sage. Il n'a rien réalisé, rien réussi, parle beaucoup et n'agit pas. Il fera semblant de vous former, de vous apporter de précieux conseils et vous risquez de tomber dans l'illusion. Pour ne pas perdre votre temps et votre énergie avec un faux mentor, vérifiez dès le début ses réalisations, ses succès, sa réputation et sa proximité avec les niveaux hiérarchiques élevés. S'il s'avère que vous avez effectivement affaire à un faux mentor, restez courtois, accordez-lui un peu de temps par respect et pour éviter de vous faire un ennemi, mais pas plus.

Le risque de manipulation par votre mentor est également à prendre en compte. Il peut utiliser votre inexpérience, votre énergie débordante, votre motivation, votre crédulité, parfois votre cupidité, pour vous faire faire le sale boulot et prendre des risques que jamais il n'aurait osé prendre lui-même. Fuyez ce type d'individus. Vous vous rendrez vite compte de ce genre de situations et, même si vous êtes débutant, suivez un ami utile : votre instinct.

Face aux mauvais et faux mentors, un autre moyen de limiter le risque et de veiller en permanence à ne pas confondre mentor et gourou. Un gourou cherche à manipuler les faibles. Un mentor, un vrai, lui, cherchera à vous faire progresser. Si vous avez l'incroyable chance d'avoir un mentor possédant l'esprit d'un maître, il risque même de faire en sorte que vous deveniez meilleur que lui.

Il vous faut également être prudent sur les relations qu'entretient votre mentor au sein de l'entreprise. S'il fait partie d'un clan, faites surtout attention que cela ne se retourne pas un jour contre vous. N'oubliez pas que vous devez avoir le maximum de support dans l'entreprise. Faire partie d'un clan ou être assimilé à un clan est dangereux si ce clan perd un jour de la vitesse. Veillez à être bien avec tous, même si votre mentor est ancré dans un clan ou est un belligérant actif d'une guerre entre services.

N'oubliez pas que votre mentor, plus ancien que vous, a de grandes chances de partir avant vous. Dès lors, vous serez seul, livré à vous-même et potentiellement à la merci des anciens adversaires de votre mentor. Ce que vous leur avez fait endurer sous la protection de votre mentor, ils risquent de vous le faire payer avec quelques intérêts. Là encore, même s'ils avaient des tensions avec votre mentor, vous serez relativement épargné de ce genre de situation si vous avez été bienveillant avec tous. Le départ de votre mentor peut vous exposer dangereusement. Son successeur peut vous mettre au placard ou se séparer de vous, mettant un coup de frein brutal à votre carrière. Peut-être que lui-même a son propre poulain à placer...

La plupart de ceux qui ont eu la chance d'avoir un mentor vous diront certainement qu'un lien fort peut se créer entre le mentor et son poulain. Ce lien, comme nous l'avons évoqué plus haut, peut même prendre parfois un aspect presque filial. Encore une fois, votre mentor n'est ni un gourou ni un père. Votre mentor n'est pas éternel. Il prendra un jour sa retraite, changera de société, pourra être licencié... vous laissant seul sans sa protection bienveillante, ses conseils et son aide utiles. Son départ peut vous isoler si vous avez tout misé sur lui. J'ai vu des poulains en pleine ascension et soudainement stoppés net dans leur ascension une fois leurs mentors partis.

Certains sont même tombés dans une nostalgie paralysante. Ils en ont oublié que le temps avec leur mentor n'était qu'une page de vie. Comme chacun, le mentor finit par se transformer en souvenir qui s'éteindra un jour avec vous. Tout doit être relativisé et il vous faut garder la tête froide.

La tête froide vous aidera d'autant plus que, une fois votre mentor parti, l'existence dans l'entreprise sera plus difficile. Vous ne bénéficierez plus de sa protection et de son appui. Vous devrez probablement chercher les opportunités par vous-même, celles-ci n'arrivant plus sur un plateau. Si votre mentor vous a aidé à griller des étapes pour gravir les échelons plus rapidement, faites enfin attention aux étapes grillées : elles peuvent devenir des faiblesses. Un bon général doit avoir l'expérience du terrain et du combat, pas seulement des bureaux feutrés.

Avoir un mentor, un vrai, est une chance formidable, mais à condition d'être conscient des risques associés et d'éviter les pièges que nous venons d'évoquer. Le vrai mentor peut booster vos compétences techniques et humaines. Il peut vous aider à vous dépasser, à sortir de votre zone de confort avec un sentiment de sécurité.

Vous avez l'opportunité d'avoir un vrai mentor ? Ne le laissez pas passer, sinon c'est une chance incroyable que vous laisserez filer.

3.
Être, savoir-être et savoir paraître

3.1.
Ne pas être une victime de son sort

Tous les jours, nous entendons au moins une personne nous expliquant que ses problèmes sont dus à la faute des autres.

Je suis mal payé. Mon patron m'exploite. Je ne suis pas reconnu à ma juste valeur. Ce sont toujours les autres qui sont promus... Voici ce que je peux souvent entendre. Je n'ai pas la bonne couleur. Je n'ai pas la bonne nationalité. Je suis une femme (ou un homme). Je suis trop âgé (ou trop jeune). Je ne suis pas issu du bon milieu. Je n'ai pas les diplômes (ou je suis trop diplômé). C'est la faute de la crise. C'est à cause du gouvernement (peu importe qu'il soit de gauche ou de droite d'ailleurs). C'est la malchance. Le destin s'acharne sur moi. STOP !

Il arrive un moment où il faut s'assumer et arrêter de justifier ses échecs ou sa médiocrité en la mettant sur le dos des autres. Il faut également cesser de trouver des excuses à son inaction personnelle en l'imputant aux autres ou au destin.

Si vous êtes mal payé, est-ce que vos collègues ou vos homologues dans des entreprises concurrentes sont mieux payés que vous ? Si oui, pourquoi ? Si la concurrence paie mieux, que faites-vous toujours là à ruminer au lieu de postuler à la concurrence ?

Votre patron vous exploite ? Est-il comme ça avec tout le monde, avec certains employés ou seulement avec vous ? Les autres réussissent et pas vous ? Que font et comment font ceux qui réussissent là où vous échouez ?

Qu'apportez-vous à votre entreprise et indirectement à votre patron ? Rapportez-vous plus que vous ne coûtez ? Combien avez-vous fait rentrer d'argent dans votre entreprise ? Combien avez-vous fait économiser à votre entreprise ? Qu'avez-vous amélioré dans votre entreprise ? Et combien coûtez-vous à l'entreprise ?

Règle numéro un : l'entreprise n'est pas une œuvre de charité. Son objectif est de faire du profit. Si vous coûtez plus que vous ne rapportez, vous allez à l'encontre de son objectif. Dans ce cas, il n'est pas étonnant que vous ne soyez pas augmenté, car vous coûteriez encore plus qu'aujourd'hui et iriez encore plus à l'encontre de son objectif de profit. Et dans ce cas-là, ne parlons même pas d'évolution.

Ensuite, ne justifiez pas vos échecs du fait de votre sexe, de votre couleur, de vos origines ou de votre nationalité. La misogynie, le racisme, la xénophobie sont malheureusement des réalités qui sont propres à la nature humaine. Je les ai rencontrés, parfois subis avec rage et douleur. Ces réalités résultent de la peur naturelle de ceux qui les entretiennent. Cette peur est celle d'être confronté à plus de concurrence et in fine de perdre un acquis jugé précieux. Cet acquis peut être une source de revenus (un emploi), une source de pouvoir, d'emprise et de contrôle, une source de prestige... Celui qui discrimine les femmes ne cherche rien d'autre qu'à limiter une concurrence potentielle. Celle qui discrimine les hommes cherche seulement à prendre la place de celui qui discrimine les femmes. Celui qui discrimine les noirs pour ne pas avoir à les compter comme concurrents rentre dans le même registre tout comme les noirs qui discriminent les blancs.

Ces réalités sont là. Elles sont entretenues par des personnes qui placent leurs instincts de protection primaires devant leur raison. Elles sont aussi entretenues par d'autres, particulièrement cyniques, qui vont utiliser la peur des premiers pour atteindre des objectifs personnels très précis.

Ces réalités peuvent compliquer votre parcours mais en aucun cas elles ne doivent vous arrêter. Vous devez dépasser ces aspects et rester professionnel. De très nombreuses femmes occupent des postes à responsabilité et prestigieux. De mon expérience personnelle, j'ai constaté la même proportion d'incompétents chez les hommes que chez les femmes. J'ai rencontré des noirs incompétents et des blancs parfois encore plus incompétents qu'eux. Et regardez les dirigeants d'entreprises : ils sont rarement jeunes. Margaret Thatcher était une femme, ce qui ne l'a pas empêchée de devenir Premier ministre de Grande-Bretagne tout comme Angela Merkel est devenue chancelière d'Allemagne ou Édith Cresson Premier ministre de France. Barack Obama est noir et cela ne l'a pas empêché de devenir président des États-Unis d'Amérique. Alors, qu'est-ce qui peut vous bloquer pour réussir votre carrière ? Plus d'obstacles ne veut pas dire que la tâche vous est impossible. Elle vous sera juste plus compliquée. Elle sera parfois pénible, décourageante, voire effrayante mais elle ne sera jamais impossible surtout si d'autres dans votre situation ont déjà réussi. Inspirez-vous d'eux. C'est vous au final qui décidez si oui ou non vous relevez le défi.

Focalisez-vous sur vous, sur vos compétences, sur vos résultats. Si quelqu'un n'aime pas votre tête, ce n'est pas grave. Vous finirez par tomber sur quelqu'un qui l'aimera. C'est un mal pour un bien. Imaginez que vous soyez recruté par quelqu'un qui déteste votre couleur ou le fait que vous soyez une femme, qui vous fait de grands sourires en apparence et qui derrière va tout faire pour freiner votre progression, vous nuire, vous humilier... Ne pas être accepté en enfer n'est pas une si mauvaise chose en soi.

Chacun a son parcours et ses obstacles. Le seul coureur, c'est vous. Si vous tombez, c'est parce que vous n'avez pas su sauter ou éviter correctement l'obstacle. Ce n'est pas de la faute de l'obstacle. Analysez les raisons de votre chute et réfléchissez à comment faire la prochaine tentative de saut. Relevez-vous et recommencez. Recommencez encore jusqu'à y arriver. Cela fait mal au début, c'est vrai, mais ça paye à la fin.

Ne blâmez pas votre naissance. Si beaucoup de gens riches sont issus de familles riches, il y en a également beaucoup d'autres qui ont fait fortune après avoir vécu modestement voire pauvrement pendant des années. Warren Buffett a passé de longues années avec seulement quelques milliers de dollars investis. Combien d'acteurs talentueux ont galéré durant des années à enchaîner les petits rôles avant d'être consacrés à l'affiche ?

Inspirez-vous de leur réussite. Apprenez de leur parcours, des épreuves qu'ils ont dû surmonter. Ne blâmez pas ceux qui ont réussi et que vous tenez responsables de vos échecs personnels, mais inspirez-vous d'eux. Qu'ont-ils fait de bien ? Qu'ont-ils fait de mal ? Qu'ont-ils fait que vous n'avez pas fait ou n'avez pas envisagé de faire pour réussir ?

C'est votre mental, vos compétences et, in fine, vos résultats qui vous permettront de réussir. Les obstacles seront toujours là et il est vrai que pour certains il y en a plus que pour d'autres. Mais peu importe, ils font partie du jeu et ce jeu vous devez en être le seul maître. Personne d'autre que vous ne doit contrôler votre jeu. Vous gagnez grâce à vous-même. Vous perdez à cause de vous-même. Vous devez assumer vos actes et recommencer en cherchant à faire mieux. Et vous devez assumer les conséquences de votre inaction ou de vos erreurs pour mieux les rectifier. Chacun sait que la vie est un jeu dont les règles sont particulièrement dures. Si certains y arrivent et pas vous, c'est qu'il vous manque encore des éléments pour réussir ou que vous ne faites pas ce qu'il faut correctement. Encore une fois, inspirez-vous de ceux qui ont réussi. Il se peut aussi que vous fassiez tout ce qu'il faut mais au mauvais endroit ou au mauvais moment, voire au mauvais endroit et au mauvais moment à la fois. Il se peut également que vous répétiez sans cesse une erreur sans même vous en rendre compte. Cela m'est souvent arrivé et m'arrive sûrement encore. En ce qui me concerne, il s'agit le plus souvent de croyances qui ne reposent ni sur une réalité ni sur une rationalité quelconque et qui me poussent vers des actions erronées, ce que certains appellent les biais cognitifs, ou encore d'éléments dont j'ignorais jusqu'à l'existence. Mon remède ? Lire, toujours plus, apprendre des autres.

Vouloir réussir implique de vous assumer pleinement. Espérer que demain sera meilleur ne vous mènera à rien. Faire ce qu'il faut pour que demain soit meilleur vous mènera plus sûrement à de meilleurs lendemains. Attendre que les astres soient bien alignés pour agir ne vous mènera pas loin non plus, surtout si vous attendez la configuration astrale qui ne se produit qu'une fois tous les 350 ans. Attendre que le gouvernement vous trouve un emploi ou vous finance en attendant qu'un emploi tombe ne sera probablement pas le meilleur moyen de réussir.

Prenez-vous en main et agissez. Ne comptez que sur vous-même. Personne n'est responsable de votre échec, personne n'est responsable de votre réussite si ce n'est vous-même. Inspirez-vous de ceux qui réussissent (pas de ceux qui prétendent réussir), laissez le misérabilisme aux autres, ne tombez pas dans le jeu destructeur des frustrés et des toxiques de toute nature.

Seuls ceux qui prennent le contrôle de leur vie, de leur sort peuvent réussir. Ceux qui préfèrent s'en remettre au destin, au hasard de la vie, au bon vouloir des autres, n'ont, au contraire, pratiquement aucune chance de réussir et se condamnent par leur inaction à devenir des victimes de leur sort.

3.2.
Être plus fort que la peur

Il est encore difficile d'expliquer d'où vient la peur et comment la contrôler. Si la peur nous conduit à de bonnes réactions dans certains cas, dans d'autres elle peut s'avérer particulièrement dangereuse.

Face à un prédateur, la peur va tendre à nous paralyser et à nous rendre immobiles. Si le prédateur ne peut détecter sa proie qu'au mouvement, tout va bien. Si ce n'est pas le cas, préparez-vous à vous transformer en petit snack.

Malheureusement pour nous, la plupart des prédateurs de l'espèce humaine, y compris les virus, ne nous localisent pas par nos mouvements. Et malheureusement pour la plupart d'entre nous qui vivons dans la civilisation moderne, nous risquons davantage d'être victimes de nos congénères.

Le plus grand danger dans l'entreprise est de ne rien faire. Le temps va agir sur vous comme l'érosion sur la pierre ou comme l'inflation sur votre épargne. Survivre et réussir implique de ne pas attendre que le temps passe pour voir ce qui arrivera, mais d'agir.

Cependant, la peur va vous freiner, voire va vous empêcher d'agir. Seule votre raison peut vous convaincre de passer à l'action. Et le raisonnement est simple.

La première option est de ne rien faire. Pour l'instant, tout va bien, vous restez dans votre zone de confort et votre routine vous apporte satisfaction. Chaque mois, vous touchez votre salaire, chaque année éventuellement votre bonus. Vous laissez faire le temps, ne prenez pas de risque, ne cherchez pas réellement à progresser. Tous les mois, vos dépenses sont couvertes par votre salaire. Votre absence de prise de risque élimine toute anxiété. Vous ronronnez et stagnez dans cet environnement douillet et rassurant, tel le passager d'un paquebot de croisière. Dans ce cas, vous pouvez avec de la chance arriver jusqu'à la fin de votre vie tranquillement : la générosité de votre entreprise jusqu'à la retraite puis une généreuse pension de l'État complétée par un solide fonds de pension bien garni vous y aideront.

Il y a cependant de grandes chances que les choses se passent différemment. Le chômage peut vous frapper à tout moment et, si vous n'êtes pas indépendant financièrement, peut transformer votre croisière en épopée du Titanic. Plus votre âge est avancé, plus votre rebond sera difficile. N'oubliez pas les plus jeunes moins chers, qui en veulent et vous rattrapent. N'oubliez pas non plus la concurrence étrangère qui a soif d'apprendre et qui, chaque année, se renforce en compétences et en qualité. N'oubliez pas vos supérieurs sous la pression des actionnaires qui doivent réduire les coûts, dont vous, pour sécuriser leur poste et toucher un bonus sur l'économie de votre salaire. N'oubliez pas les modes, l'évolution des techniques et des technologies, les crises économiques passagères ou durables, les accidents de la vie. Si vous êtes à cinquante ans au chômage, sans indépendance financière, vous risquez de finir comme ces bataillons de chômeurs déguisés en consultants et qui jouent un rôle aussi pathétique que tragique. Et comment financer une existence de plus en plus longue avec un système social qui n'est plus que l'ombre de lui-même ? Et là, vous regretterez de n'avoir rien fait. Même les efforts colossaux que vous pourriez engager risquent alors de s'avérer insuffisants pour récupérer le temps perdu et balayer vos regrets. La peur de l'action immédiate sera remplacée par une peur chronique de l'avenir qui, chaque année, s'ancrera un peu plus au fond de vous-même.

L'autre option, plus sympa, est celle que nous développons dans cet ouvrage : prendre des risques calculés pour sortir de sa zone de confort et progresser. Certes, vous aurez des petites poussées d'adrénaline au début et un peu d'anxiété que le changement va forcément créer. Mais rapidement, vos succès, petits au début, vous feront prendre goût à ces poussées d'adrénaline. Vous prendrez confiance en vous et vous rendrez compte que cela n'était pas si difficile. Peu à peu, vous monterez en puissance, porté par un cercle vertueux. Vous sentirez fier de vous. Vos proches le seront probablement aussi et inspirés par votre exemple. Vous deviendrez résistant au stress, solide intérieurement, serein, gagnerez par votre mental le contrôle de votre existence. Un certain nombre de vos ambitions, de vos rêves pourront ainsi se réaliser réduisant d'autant les regrets futurs.

C'est l'action qui vous fera oublier la peur.

C'est l'inaction qui entretiendra et développera votre peur.

Engagez-vous à lire 20 pages par jour, soit 10 feuilles, ce qui n'est rien par jour, et c'est 24 livres de 300 pages que vous lirez par an. C'est énorme. 24 livres bien choisis peuvent booster votre état d'esprit, vos compétences et vous mettre sur les rails de la réussite. Si vous faites cela durant 5 ans, c'est 120 livres. Ces livres clarifieront l'incertitude qui vous effraie. Ils vous donneront de nouvelles cartes et feront de vous un meilleur joueur, mieux préparé, plus sûr de lui. Ils vous rassureront en vous montrant que certains sont partis de bien plus bas que vous et sont arrivés tout en haut après avoir surmonté des obstacles aussi nombreux qu'inimaginables. S'ils y arrivent, pourquoi pas vous ? Vous n'êtes pas plus idiot.

Dégagez les individus toxiques qui entretiennent votre peur et en tirent une jouissance intérieure malsaine.

Ces deux actions simples vous aideront à amorcer le cercle vertueux vers la réussite. Ces deux actions vous aideront également à dissiper naturellement et aisément la peur qui vous paralyse.

Ce qui impressionne peut faire peur. Donc, ne vous laissez pas facilement impressionner. Ce qui brille n'est pas forcément de l'or. Les cheveux gris ne sont pas gage d'expérience. Les habits élégants ou une voiture de luxe ne sont pas des gages de richesse matérielle. Un grand groupe prestigieux peut avoir des employés médiocres ou une rentabilité mauvaise, alors qu'une société plus modeste peut avoir des employés brillants et une rentabilité de 30 % annuels. Renseignez-vous, creusez, croisez les sources d'information et vous démystifierez beaucoup de choses. De même que pour la réussite personnelle, suivez plutôt les conseils de Ray Dalio ou de Warren Buffett pour réussir que ceux du Youtubeur vivant en HLM et qui vous explique comment faire fortune.

Concernant la peur, il y a un dernier sujet que je souhaite évoquer. C'est un sentiment étrange, désagréable et qui génère une peur sans raison apparente. J'ai vécu ce sentiment quelque temps et je me suis rendu compte que beaucoup de personnes brillantes autour de moi l'ont également vécu, également sans raison apparente. Certains spécialistes ont donné un nom à cet étrange sentiment : le syndrome de l'imposteur. J'ai du mal à mettre des mots sur ce sentiment où, bien que vous ayez les compétences et la légitimité, vous avez l'impression d'être un usurpateur, un imposteur, un illégitime pour faire le travail qui vous a été confié. Le temps et vos efforts seront vos meilleurs alliés pour traiter ce syndrome. Travailler pour maîtriser solidement vos dossiers, des tenants aux aboutissants, élaborer avec les experts qui peuvent vous aider des solutions à proposer face aux différents problèmes qui peuvent se présenter et vous réduirez lentement, mais sûrement, ce syndrome de l'imposteur. Vos succès, qui ne peuvent que se cumuler peu à peu, au fur et à mesure de vos efforts, finiront le travail et, comme moi, vous n'en garderez qu'un mauvais souvenir.

3.3.
Savoir encaisser, encore et encore

Vous avez plus de chance de réussir en restant debout qu'en restant allongé au tapis.

Tout comme dans la vie personnelle, beaucoup dans la vie professionnelle se résignent et abandonnent trop rapidement face aux difficultés. Les coups font partie de la vie. Certains coups font juste mal, d'autres très mal, d'autres encore assomment ou peuvent nous conduire aux pensées les plus sombres.

Pour survivre et réussir, il faut de la persévérance et de l'endurance. Si, à chaque échec, pour autant qu'il s'agisse d'un échec, vous laissez tomber, alors vous n'avez pratiquement aucune chance ni de survivre ni de réussir.

Vous voulez survivre dans l'entreprise ? Vous voulez réussir ? Alors, préparez-vous à encaisser des coups, à glisser sur les savonnettes et les peaux de bananes, à vous prendre des coups de canif dans le dos, surtout si au-delà de survivre vous voulez réussir. La compétition est féroce et vos gentils collègues ne sont pas forcément aussi gentils qu'ils veulent bien le laisser paraître. Il va vous falloir vous préparer comme un boxeur professionnel.

Beaucoup d'entre nous réagissent au lieu d'anticiper, ce qui est une grave erreur. Celui qui réagit ne maîtrise pas le jeu, mais le subit. Quand vous jouez, vous devez anticiper les réactions et les coups possibles de votre adversaire. Selon les possibilités de votre adversaire, dans quelle situation allez-vous vous retrouver ? Comment pourrez-vous vous en sortir ? Comment pourrez-vous en tirer profit ? Comment pourrez-vous gagner ? Pour cela vous devez connaître vos adversaires et cela prend du temps. En attendant, c'est normal, parfaitement naturel, ils marqueront quelques points et vous zéro. L'effet de surprise jouera contre vous mais avec le temps vous connaîtrez leur mode de fonctionnement, sur quoi et comment ils attaquent, leurs techniques, leurs astuces... Vous pourrez alors vous préparer et les amener sur votre terrain de jeu.

Je me rappelle ainsi le directeur d'un autre département qui assistait à toutes les réunions stratégiques. Il challengeait systématiquement et parfois violemment les autres, toujours sur des questions de principes abstraits, jamais sur des chiffres ou des dossiers concrets. C'était un adepte des revues de management publiées par les grandes universités et écoles de commerce, celles où des théoriciens qui n'ont jamais géré une entreprise ni pris la moindre décision stratégique vous expliquent comment bien gérer la vôtre en l'organisant suivant un tableau ou une pyramide. Bien que vivant dans son monde théorique, ce directeur avait l'oreille de la direction générale ce qui lui conférait un certain pouvoir de nuisance. Beaucoup, pour éviter de se prendre des coups en public, et ainsi de se faire humilier, préféraient donc l'éviter.

Dès le début, il me méprisait et visiblement me classait parmi les idiots, car je n'avais aucun intérêt pour ses pyramides et ses tableaux sans chiffre. À plusieurs reprises, il avait critiqué mes projets pour différentes raisons. Manque de projet alternatif à proposer, pas d'analyse forces/faiblesses... faisaient partie des répliques habituelles. J'avais réussi cependant à faire approuver chacun de mes projets, car ils étaient simples et, s'ils échouaient, la société n'avait rien à perdre. Finalement, tous les projets que j'avais réussi à faire passer malgré ses volées de critiques se sont avérés rentables ce que je n'avais pas manqué de lui faire remarquer. Les réunions suivantes, je commençais par annoncer que je n'avais pas de projet alternatif à proposer, ni d'analyse forces/faiblesses, en le fixant clairement, mais une nouvelle opportunité comme celles qui précédemment avaient apporté de bons résultats. Il ne me challengea plus une seule fois depuis. Son licenciement fut prononcé deux ans après, pour manque de résultats.

Ce genre d'individus est simple à gérer. D'autres sont plus tordus.

Certains vont s'approprier votre travail. Comme cette manager qui discrètement avait repris une offre que j'avais négociée et obtenue puis l'avait présentée comme une formidable opportunité à sa hiérarchie. Son patron m'avait parlé de ce nouveau service, meilleur et moins cher qu'elle avait réussi à obtenir. Je n'en croyais pas mes oreilles. J'ai invité son patron dans mon bureau et lui ai ressorti mes dossiers de l'époque pour lui montrer que c'était moi qui avais obtenu ce deal extraordinaire 3 ans auparavant. J'ai mentionné cet incident comme si de rien n'était lors de discussions avec plusieurs managers et membres de la direction générale. Sa réputation était faite.

D'autres vont faire des erreurs et vous les faire porter. Je me rappelle ce manager d'un autre département qui m'a mené la vie dure sur un dossier. Ses arguments ne tenaient pas la route et à plusieurs reprises il m'a indiqué que le blocage du dossier n'était pas sa décision mais celle de l'un de nos directeurs généraux qui était mon supérieur. La situation ainsi créée faisait courir certains risques à la société et à moi-même. Je suis donc allé voir ce directeur général, mon patron donc, en lui expliquant la situation. Il a bondi sur son siège, me demandant qui avait pu autoriser une décision aussi stupide. Quand je lui ai montré les mails de ce manager alléguant qu'il était à l'origine de cette décision, il a explosé de rage. Le lendemain, tout était réglé et les incompétences de ce manager n'ont plus eu l'occasion de se manifester à nouveau.

D'autres vont prétendre que votre travail est de mauvaise qualité, telle cette employée dans mon équipe qui cherchait sans que je sache pourquoi à me causer du tort chaque fois qu'elle le pouvait. Un jour, elle est allée voir mon patron en montrant que mes calculs étaient erronés et que je mettais ainsi en danger l'entreprise par le manque de rigueur de mon travail. J'avais en effet un écart de 6'000 dollars sur un total de 2 milliards, le tout sur des estimations qui par nature ne pouvaient pas être absolument exactes. Cela a été l'occasion de mentionner que cette personne ne comprenait rien au travail qu'elle critiquait, mais qu'en plus mon estimation avait un taux d'erreur de 0,0003 % ce qui était excellent pour une estimation.

Il y a aussi le manager qui ne sert à rien, mais qui présente votre travail à sa hiérarchie en jouant les experts. Vous faites le boulot, il récupère les lauriers (et surtout, il ne les partage pas avec vous). Celui-ci est d'autant plus dangereux que si vous le laissez faire, le jour où il faut faire de la place, il expliquera que vous n'êtes d'aucune utilité et que lui seul est expert. J'en ai connu un de ce genre. À chaque fois que je faisais un travail qu'il allait présenter comme le sien, je m'étais arrangé pour que son patron et de nombreuses autres personnes de l'entreprise soient au courant de ce sur quoi je travaillais et des résultats obtenus. Finalement, il pensait présenter un scoop à son propre patron qui savait exactement ce qu'il en était. Pis encore, j'avais mentionné soigneusement au préalable à son patron les faiblesses et opportunités de chaque projet qui ainsi ne manquait pas de le questionner sur les points faibles et ne manquait pas de lui suggérer les opportunités que j'avais évoquées. Le plus amusant, c'est que mon manager revenait souvent de ces réunions, ignorant tout de mes échanges préalables avec son patron ou avec d'autres personnes assistant à la réunion, vexé de s'être fait humilier de la sorte. Il me suggérait de faire ce que j'avais suggéré à son patron. Il me posait les questions que j'avais évoquées avec son patron. Un jour, ce manager a fait un plan de réorganisation m'évinçant. La direction sachant que celui qui faisait le travail, c'était moi, son poste a été supprimé et le mien maintenu. Et là encore, son incompréhension fut totale face à ce qu'il considérait comme une injustice et moi comme pure justice.

Et je pourrais vous citer encore plus de coups tordus que j'ai subis. Chaque fois, j'ai pris des claques, des humiliations. Mais prendre des claques ne veut pas dire qu'il faut aimer ça. Il faut savoir apprendre de ses erreurs et surtout ne pas les répéter. Les exemples précédents montrent comment j'ai appris à esquiver les coups et à retourner contre mes adversaires leur propre malhonnêteté, leur propre cupidité, leur propre orgueil, leur propre mépris, leur propre incompétence, leur propre bêtise.

Le tout sans tomber dans leurs travers, dans leurs jeux tordus, mais en gardant mes principes intacts. Chacune de ses situations a abouti à un succès sur la mesquinerie et la bassesse humaine dont je me suis senti fier. Ces succès lavent à la fois les claques et les humiliations que j'ai pu subir, mais aussi me rendent chaque fois un peu plus fort et contribuent à ma réputation.

3.4.
Être opportuniste et audacieux

Comme dit le dicton, tout va bien à qui sait attendre. Le problème, c'est que souvent on attend et que rien ne vient.

Ceux qui ne font rien attendent. Ils espèrent, rêvent, verront plus tard. Ils attendent la chance. La fortune se fera peut-être en cochant les bons numéros d'une grille de loterie. La promotion au travail n'était pas cette année : ils en ont nommé un autre, on verra l'année prochaine. Ils ne sont pas bien dans leur couple, mais verront : peut-être que tout ira mieux l'année prochaine. Ils sont malheureux, mais il y a pire qu'eux. Ils ne trouvent pas de travail parce que le contexte est difficile : il sera peut-être plus favorable l'année prochaine comme le prévoit le ministère du Travail. Souvent en plus ils s'avèrent très créatifs pour trouver des excuses pour ne pas agir ou justifier leur inaction.

Et puis il y a ceux qui agissent. Ils rêvent également, mais au lieu d'espérer que la chance tourne, ils agissent et font le maximum pour que leur rêve devienne réalité. Pour eux, la fortune se fait en cherchant comment augmenter leurs revenus, dégager de l'épargne et investir celle-ci intelligemment. Ils apprennent et se forment en permanence. S'ils sont malheureux dans leur couple, ils agissent : ils discutent et cherchent une solution avec leur conjoint ou divorcent, mais ils agissent. Ils ne laissent pas pourrir une situation douloureuse pour tous. Si le marché du travail est difficile, ils cherchent des moyens pour se différencier, pour approcher directement les recruteurs. Ils sont malheureux, mais ne veulent plus l'être et cherchent à comprendre comment font ceux qui sont heureux pour s'en inspirer et agir. Ils ne font pas confiance à la loterie ou au ministre du Travail pour faire fortune ou trouver un job. Ils ne cherchent pas d'excuse pour ne pas agir ou justifier leur inaction. Leur sort n'est pas de la faute ou du fait du voisin, mais entre leurs mains. Ils le savent et prennent le contrôle de leur vie.

Ceux qui réussissent sont généralement opportunistes, c'est-à-dire qu'ils savent saisir une opportunité lorsqu'elle se présente. S'ils en ont manqué une, ils essaieront de la rattraper. Si les opportunités sont limitées, ils concentreront leur énergie pour matérialiser les rares opportunités qui existent, les multiplier ou les créer.

Certains chercheront des opportunités à tout prix, parfois au détriment des autres ou de la collectivité : leur bonheur se fera au détriment de quelqu'un d'autre. Ces opportunistes sont destructeurs, toxiques. Ce sont ceux qui vous tendront des pièges, s'approprieront votre travail en y apposant leur nom, feront courir des rumeurs à votre sujet, falsifieront des chiffres pour réussir... Ils sont nombreux. Certains s'écœurent d'eux-mêmes, d'autres sont fiers de leur cynisme qu'ils assimilent à une marque suprême d'intelligence et s'admirent chaque matin dans le miroir de leur salle de bains avant de partir accomplir leurs basses œuvres. Personnellement, je n'ai jamais compris comment ces personnes faisaient pour être en paix avec elles-mêmes et, personnellement, je les évite autant que possible.

D'autres, comme je l'ai déjà expliqué, sont également des opportunistes, mais qui rechigneront à faire leur réussite au détriment de leur voisin. Ceux-là cherchent à réussir sans dommage collatéral, de manière honnête. Et si leur opportunité peut profiter à d'autres, mieux au plus grand nombre, alors ils se sentent heureux et mettront encore plus de cœur à l'ouvrage pour relever le défi proposé. Si vous réussissez une action qui vous rapporte, mais qui également rapporte à votre chaîne hiérarchique, à vos collègues et à votre entreprise, vous ne pouvez qu'être fier de vous.

L'audace vous aidera à créer et à matérialiser les opportunités. C'est un trait de caractère utile, mais qui suppose d'avoir le courage de sortir de sa zone de confort en prenant des risques calculés. Il ne s'agit nullement d'être une tête brûlée, mais de savoir franchir le pas pour réaliser une action qui soit pourra vous protéger, soit pourra vous permettre de réaliser une opportunité.

Ayez de l'audace, osez ! Osez proposer des idées nouvelles. Osez parler à votre N+2 ou N+3. Osez admettre votre erreur et vous engager à la rectifier. Osez défendre votre point de vue en sachant l'argumenter. Osez dire non lorsque vous ne voulez pas dire oui. Vous n'osez pas souvent et avez peur ? C'est normal. Commencez alors simplement en proposant un projet simple pour améliorer l'organisation du service à votre manager. Expliquez-lui votre constat, ce que cela coûte en temps ou en argent à l'entreprise, ce que vous proposez pour y remédier et un calendrier prévisionnel des différentes étapes du projet. Menez ce projet avec votre cœur, votre intelligence et toute votre énergie pour le réussir. La fois suivante, visez un projet plus grand. Puis un projet encore plus grand. Et quand votre poste sera trop étroit pour réaliser des projets d'importance, ce sera le moment d'aller voir votre N+2 ou N+3 ou votre directeur des ressources humaines pour proposer vos services dans un autre département en faisant valoir vos réalisations. Il n'y a pas d'opportunité en interne ? Allez voir ailleurs. Dans tous les cas, vous aurez gagné en douceur l'audace qui vous aidera à progresser.

3.5.
Être mobile

Nous avons vu précédemment qu'être immobile dans l'organisation vous rend vulnérable. Vous augmentez considérablement vos risques d'être impacté par un plan social. L'action est donc un facteur clé pour augmenter vos chances de survie et de réussite.

La mobilité est aussi géographique. Beaucoup d'entre nous, par facilité, confort, par contraintes familiales ou juste par amour de leur région natale font le choix de ne pas en bouger. Pourtant, accepter des missions ou des postes dans d'autres régions voire à l'étranger est un formidable accélérateur de carrière.

À la fin de mes études, je me souviens de la majorité des étudiants qui sont partis travailler dans un rayon de 30 kilomètres autour de notre université. Ils avaient trouvé des postes intéressants, payés au-dessus de la moyenne, souvent dans des sociétés ou des intuitions de renom. Une minorité, elle, avait fait le choix de ne pas rester et de partir soit en province, soit à l'étranger.

Vingt ans après, le constat était frappant. Ceux qui étaient restés tendaient à stagner. Certes à des postes de responsabilités et bien rémunérés, mais ils restaient souvent proches de leurs points de départ, que ce soit en termes de responsabilités, de position hiérarchique ou de rémunération.

Ceux qui étaient partis en province n'avaient pas forcément des salaires plus élevés que ceux qui étaient restés, du fait des écarts naturels de salaire entre les régions. En revanche, ils avaient en général des postes à responsabilités plus élevées, des niveaux hiérarchiques plus élevés. Et, même si la rémunération affichée en bas de leur feuille de paie était similaire, voire plus faible, ils avaient finalement un pouvoir d'achat plus élevé et un poste plus intéressant.

Enfin, ceux partis à l'étranger, dont je faisais partie, soit par opportunité soit parce qu'ils ne trouvaient pas de poste leur convenant, ont pour la plupart eu des progressions de carrières fulgurantes, que ce soit en termes de rémunérations ou de responsabilités. Beaucoup ont atteint des niveaux de direction ou se sont retrouvés à travailler à proximité des dirigeants de grands groupes, alors que ceux restés à proximité de l'université restaient comme coincés par un plafond de verre au sein de leurs départements. L'écart de rémunération pouvait aller facilement du double au triple minimum. Et chose curieuse, en revenant au pays, ceux qui étaient partis à l'étranger se voyaient proposer des postes inaccessibles à ceux qui étaient restés.

Nous avions pourtant tous le même diplôme.

Pour ceux qui ont accumulé l'expérience et n'ont pas peur de partir loin de chez eux, l'expatriation est une solution intéressante. Non seulement vous touchez en général un salaire bien plus élevé que dans votre pays d'origine, mais en plus il s'avère que votre entreprise paie vos impôts, vous loge, finance l'éducation de vos enfants, s'occupe pleinement de votre couverture santé, prend en charge un certain nombre de frais. En fin de compte, vous pouvez vous retrouver dans une situation où votre salaire se transforme en épargne pure. Et, cerise sur le gâteau, vous bénéficiez de la détaxe dans votre pays d'origine. Bien sûr, il est possible d'être expatrié dans de grandes villes confortables, offrant un cadre de vie et de travail très agréable. Cependant, l'expatriation concerne souvent des destinations moins attrayantes, parfois dans des pays qui attirent peu les étrangers. D'où des conditions généralement excellentes pour stimuler les candidats à franchir le pas. L'expatriation est également une possibilité de progresser comme ce chef cuisinier d'un hôtel parmi les plus prestigieux de Pékin que j'ai rencontré et qui, dans son pays d'origine, bien que travaillant dans un palace renommé et bien qu'ayant acquis son expérience dans des établissements renommés à travers le monde, ne pouvait qu'être second de cuisine.

Partir à l'étranger dans des pays qui ont besoin de spécialistes ayant vos compétences est une excellente opportunité. Vous pourrez non seulement vous réaliser, occuper des postes que vous n'auriez jamais envisagés dans votre pays, mais aussi bénéficier d'une rémunération et de conditions de vie confortables. L'expérience peut être difficile au début du fait de vivre dans un nouvel environnement, avec une langue et une culture différentes, des modes de travail différents... mais après quelque temps vous vous serez adapté. Vous risquez même de ne plus vouloir revenir, comme c'est le cas pour de nombreux expatriés, quels que soient leurs pays d'origine.

Si vous avez de l'expérience dans votre domaine, le sentiment de ne pas pouvoir progresser, ressentez de l'ennui dans votre travail, vous pouvez sérieusement considérer la possibilité de partir travailler à l'étranger. Vous êtes célibataire ? Ce sera plus facile. Marié(e), avec un conjoint qui occupe un bon poste là où vous vivez, ou avec des attaches familiales très fortes, la situation sera plus compliquée. Votre conjoint, à moins de trouver une opportunité sur place également, risque de déprimer là où vous vous épanouirez.

Partir à l'étranger est un choix que j'ai fait et que je n'ai jamais regretté. J'ai pu booster ma carrière, ma rémunération, acquérir une indépendance financière, construire des choses que je n'aurai pu construire dans mon pays d'origine faute d'opportunité et surtout vivre plusieurs vies en une seule. Votre carrière n'est plus une expérience professionnelle, mais une aventure professionnelle, une aventure de vie.

Peu importe que vous soyez ingénieur, financier, technicien qualifié, juriste ou artisan pour tenter l'aventure à l'étranger. Ce qui compte c'est que vous ayez un savoir-faire qui manque ailleurs et que vous soyez prêt à vivre une aventure exceptionnelle.

3.6.
Être respectueux

C'est agréable de se sentir reconnu et respecté, non ? Nous avons tous besoin de nous sentir exister, en tout cas je le crois.

Pourtant, tous les jours je vois des personnes incapables de remercier la personne qui leur tient la porte, de dire s'il vous plaît ou de répondre à un bonjour. Lorsque quelqu'un me lâche une porte à la figure, ne me dit pas s'il vous plaît ou ignore mon bonjour, cela m'affecte voire crée en moi un sentiment d'hostilité vis-à-vis de cette personne.

Répondre à un bonjour par un bonjour, avec un sourire en plus et vous contribuerez à mettre en place autour de vous une atmosphère positive. Ajoutez un « Comment allez-vous aujourd'hui ? » ou « Comment va votre fils, votre fille ? » et vous contribuerez à établir une atmosphère bienveillante autour de vous.

Vous créerez ainsi une empathie qui réduira le nombre d'individus hostiles ou potentiellement hostiles autour de vous tout en capitalisant sur votre image. Avec de la chance, vous pourrez même devenir un exemple pour certaines personnes, pas forcément désagréables, mais parfois juste un peu timides, qui à l'aide de quelques mots, de quelques sourires, pourront briser la glace autour d'elles.

Enfin, si l'empathie n'est pas votre truc et que vous êtes un cynique fini, n'oubliez pas une chose : le petit que vous méprisez aujourd'hui pourrait bien être le seul qui vous tende la main le jour où vous en aurez besoin.

3.7.
Être précis, concis et fiable :
en un mot, être pro.

L'un de mes plus gros problèmes par le passé est que je présentais ce qui m'intéressait et non ce qui intéressait mon interlocuteur. J'avais (l'horrible) tendance à vouloir montrer que mon travail était bien fait, ce que je savais faire, jusque dans les moindres détails et ceci avec fierté. En réalité, mon interlocuteur était submergé de propos qui ne l'intéressaient pas. Pire, qui lui faisaient perdre son temps, n'atteignaient pas ses préoccupations et finalement me discréditaient en me faisant passer pour un professeur Nimbus.

Vous devez avoir une approche fournisseur-client, même en interne. Vous êtes le fournisseur. Les clients de votre entreprise sont des clients. Les personnes pour lesquelles vous travaillez dans l'entreprise sont aussi des clients (internes) : vous devez leur apporter ce qu'ils attendent de vous, rien d'autre.

En premier, identifiez objectivement qui est votre client. Le plus souvent, votre client interne est votre patron, voire son patron. Qui est-il ? Que recherche-t-il (un bonus, une promotion, la gloire...) ? Quelles sont les difficultés auxquelles il est confronté ? De quels résultats a-t-il besoin ?

À partir de là, vous pourrez cibler votre discours en suivant les étapes clés :

– Formuler clairement le problème ou l'enjeu auquel fait face l'entreprise, et indirectement votre patron et sa hiérarchie.

– Expliquer simplement votre solution en montrant, chiffres à l'appui, ce qu'elle va apporter à l'entreprise et, indirectement, implicitement, à votre patron et à sa hiérarchie.

– Chiffrer le coût et le délai de votre solution, avec des marges de prudence (soyez toujours conservateur sur les marges et les délais).

– Listez les risques associés et les solutions pour les prévenir.

– Mettez tout le reste en annexe ou gardez-le sous la main pour répondre aux questions (sources, données, méthodologie...)

Débrouillez-vous pour faire votre présentation en 10 minutes. Au-delà, vous perdrez l'attention de vos interlocuteurs et risquez de vous faire couper la parole sans cesse par des questions aussi nombreuses que variées qui finiront par vous faire perdre le fil de votre speech. 10 minutes de présentation simple, claire, sans entrer dans les détails. Le temps restant sera pour les questions, les détails, la méthodologie, les risques, etc.

Vous ne présentez pas une solution, vous la vendez. Vous vous vendez. Vous vous vendez en permanence. Votre survie dans l'entreprise est une tacite reconduction de votre contrat de travail. Le contrat peut être rompu à tout moment. Si le contrat dure, c'est parce que l'entreprise (via votre hiérarchie) a les moyens et intérêt à vous garder. Derrière votre contrat de travail, c'est une multitude de contrats tacites que vous faites avec votre hiérarchie qui va faire que celui-ci n'est pas rompu. Beaucoup de salariés pensent qu'ils ne se vendent que lors de l'entretien d'embauche. C'est une illusion très dangereuse. Vous vous vendez en permanence. Vous renouvelez implicitement votre contrat de travail (et l'améliorez) en permanence.

Vous avez 3 minutes, pas plus pour les étapes 1. et 2. Souvent, la décision sera prise avant même que vous ayez atteint l'étape 3..

On vous pose une question, soyez clair. Chaque fois que vous le pouvez, dites soit « oui » soit « non » et expliquez rapidement pourquoi. Évitez de répondre « oui et non », « peut-être que oui, peut-être que non... », « ça dépend » ... Si des doutes persistent, clarifiez si c'est « oui » ou si c'est « non ». Vous avez des doutes ou ne savez pas ? N'inventez pas et expliquez que vous n'avez pas tous les éléments pour répondre maintenant et que vous devez les réunir avant de vous prononcer. Si après vos recherches, vous ne pouvez toujours pas répondre clairement par « oui » ou « non », faites 2 colonnes avec les éléments pour et ceux contre. Sur cette base, estimez une probabilité, très personnelle (et vous le direz ouvertement), que ce soit « oui ».

On vous demande un rapport ? Incluez systématiquement un résumé en première page qui reprendra les étapes 1. à 3., très factuel et simple. Vous serez probablement le seul à lire en entier le rapport que vous rédigerez. Ceux qui le recevront liront ce résumé et iront peut-être jeter un œil à quelques paragraphes spécifiques.

La rédaction d'un rapport doit suivre des règles simples. Le sommaire doit résumer le contenu. Le résumé doit résumer le contenu et convaincre de la solution proposée. Le titre de chaque section doit en résumé le contenu. Chaque paragraphe est une idée. La première phrase de chaque paragraphe résume le paragraphe. En ne lisant que la première phrase de chaque paragraphe, votre lecteur devra comprendre le contenu du paragraphe. Si le lecteur veut en savoir plus, il lira les phrases suivantes. En annexe, indiquez vos sources, votre méthode, vos hypothèses, etc. Le lecteur doit comprendre votre rapport en ne lisant que le sommaire ou le résumé. Il doit être convaincu en ne lisant que le sommaire ou le résumé. Mais comment savoir s'il sera convaincu ? Faites l'essai sur vous-même. Imaginez-vous un instant dans la peau de votre patron, avec ses ambitions et ses soucis. Puis lisez votre sommaire : vous êtes-vous convaincu ? Puis au tour du résumé. Vous êtes-vous convaincu ? Si ce n'est pas le cas, votre patron ne sera probablement pas non plus convaincu. Remettez-vous au travail.

Ne parlez pas de concepts, mais de chiffres précis, documentés, de solutions pragmatiques et d'actions. Vous avez une idée pour limiter la chute des ventes ? Captez l'attention de votre grand patron dans l'ascenseur : « Bonjour Monsieur. J'ai vu l'évolution des ventes. Cette baisse de 16 % en 3 mois m'inquiète. J'ai étudié avec plusieurs spécialistes en interne une solution qui pourrait la limiter à 12 % : ça vous intéresse ? ». Le temps manquant dans l'ascenseur, il vous proposera quasi certainement de prendre rendez-vous auprès de son assistante. À partir de là, c'est à vous de jouer.

Chaque chiffre, chaque problème, chaque solution évoquée dans les étapes 1. à 4. doivent être soigneusement documentés : d'où sortent ces chiffres ? Comment sont-ils calculés ? Quelles hypothèses avez-vous prises ? Quel est votre raisonnement ? Qu'est-ce qui pourrait faire faillir votre plan ? Comment ? Rien de tout ceci n'apparaîtra dans votre discours ou dans votre présentation des étapes 1. à 4., mais soit en annexe soit à la disposition de quiconque souhaite en étudier les détails. Tel l'acheteur d'une voiture qui s'intéressera au design, au confort, à la qualité et à la sécurité plutôt qu'au fonctionnement du moteur à explosion, votre acheteur, autrement dit votre client interne, ne s'intéressera qu'aux éléments qui lui importent. S'il vous demande comment ça fonctionne, alors, seulement dans ce cas précis, vous ouvrez le capot.

Un travail solide, bien fait, documenté, transparent, présenté simplement, avec des résultats tangibles, mesurables à la clé est un travail de professionnel.

Prenez l'exemple d'une chaîne de livraison de pizzas dont 27 % des clients se plaignent que les pizzas arrivent tièdes. Ces 27 % de clients représentent 22 % des ventes. Vous avez discuté avec les livreurs qui vous confirment prendre immédiatement en charge la pizza à la sortie de la cuisine, lorsqu'elle est très chaude. La cuisine confirme. Malheureusement les livreurs perdent beaucoup de temps à cause du trafic le soir. Vous avez testé personnellement un nouveau GPS qui optimise nettement le temps de parcours : chaque jour, vous gagnez 10 minutes en moyenne. Cela coûterait moins de 1 % du chiffre d'affaires pour équiper tous les livreurs avec ce nouveau GPS pour sécuriser 22 % de chiffres d'affaires menacés de disparition. Les clients iront certainement ailleurs dans un avenir proche. De plus, ces clients sécurisés risquent d'acheter plus de pizzas voire recommander la pizzeria à leurs proches... 1 % investi pour sécuriser 22 % et probablement gagner de nouveaux clients... les chiffres sont parlant. La solution est simple, clairement rentable, aisée et rapide à mettre en œuvre. Vendu ! Et n'oubliez pas de demander un bonus ou une promotion une fois les résultats obtenus.

Beaucoup de techniciens, très compétents, issus d'écoles parfois parmi les plus prestigieuses, négligent la communication ou ne savent pas se vendre. Ils perdent ainsi de nombreuses opportunités, souvent remportées pas des profils moins pointus, mais qui savent se vendre. Que vous soyez ingénieur, juriste, technicien, économiste, financier... soyez bons techniquement, mais sachez aussi vous vendre. Étudiez les techniques de vente. Vous apprendrez à vendre vos idées, vos projets en convainquant simplement et efficacement vos interlocuteurs.

Cela vous aidera également si un jour vous devez vous vendre vous-même sur le marché du travail. Vous devrez comprendre ce qu'attend votre nouvel employeur potentiel (étape 1.), montrer que vous êtes la solution avec bilan chiffré à l'appui (étape 2.), discuter du timing, des moyens à votre disposition et de la rémunération (étape 3.).

Pour résumer, soyez compétent techniquement, quels que soient votre métier et votre position hiérarchique, concis et efficace dans votre communication, factuel, orienté vers les résultats attendus par vos clients. Sans oublier une chose : vous êtes un éternel vendeur de vos propres services.

3.8.
Être discipliné et... paresseux

Quelles sont vos qualités ? Je suis paresseux.

C'est effectivement ce que je suis. J'essaie toujours de minimiser le temps que je passe à réaliser une tâche ou une mission. C'est autant de temps gagné que je peux consacrer à d'autres projets, y compris personnels, à ma famille, à mes loisirs, à apprendre, à me reposer.

J'essaie également dans mon travail d'être paresseux pour les autres. Si en réalisant ma mission, je rencontre une opportunité de faire gagner du temps à d'autres, je le fais. Et bien entendu, je le fais savoir.

Un cas récent était celui des renouvellements des contrats d'assurance du groupe où je travaillais. Cette tâche demandait au minimum plusieurs jours, voire plusieurs semaines de travail pour chacune de nos filiales qui devaient également gérer de nombreux autres dossiers. Vu le nombre de filiales, le coût horaire moyen d'un salarié, cette tâche particulièrement ennuyeuse, mais nécessaire coûtait cher, très cher, à l'entreprise. En simplifiant l'organisation, en utilisant des formats uniques pour collecter l'information, en collectant une grande partie de l'information à partir de rapports déjà existants, nous avons réduit la charge de travail par filiale à une demi-journée en moyenne, par an. Le gain de temps a été considérable pour les filiales qui au passage étaient heureuses de ne plus passer autant de temps chaque année sur cette tâche plutôt ingrate. Quant aux économies réalisées, la direction les a particulièrement appréciées d'autant plus que celles-ci sont récurrentes, année après année.

Je connais beaucoup de personnes brillantes qui suivent une discipline de vie très stricte. J'ai remarqué combien le fait d'être discipliné de la sorte contribuait à rendre ces personnes très performantes. Une alimentation saine, équilibrée, lever tôt chaque matin et sport quotidien avant d'aller au bureau, gestion optimale de l'agenda, plage horaire réservée à la lecture, coucher quotidien tôt et à heure fixe... Ce genre de discipline aide à être au top.

Malheureusement, je ne suis jamais arrivé à garder ce style de vie sur la durée et, même si j'obtiens de bonnes performances, je sais que mon manque de discipline me bride pour atteindre le top. Si je veille à la qualité de mon sommeil, à une alimentation plutôt équilibrée, un de nombreuses lectures, etc., j'aime cependant le sport autant que Winston Churchill et tends, surtout en hiver, à traîner au fond de mon lit le matin. Mon agenda n'est pas non plus tenu de la manière la plus rigoureuse et optimale qui soit. Cela est un choix personnel et, même si je peux faire plus grâce à plus de discipline personnelle, j'aime mon mode de vie tel qu'il est. À chacun de trouver son équilibre entre performance et choix de vie.

Par contre, là où j'ai une discipline très stricte, c'est sur l'éthique et les résultats (chiffrés évidemment). Sur ces points, la paresse n'est pas de mise. D'une part, c'est votre réputation qui est en jeu. Si celle-ci met des années à se construire, quelques heures peuvent suffire à la détruire. D'autre part, même si certains réussissent financièrement sans éthique, il est agréable de réussir tout en pouvant se regarder chaque matin dans le miroir sans regret et en toute sérénité.

La paresse m'aide à être efficace, à ne pas perdre mon temps et à en gagner. La paresse aide à la créativité, à trouver des solutions pour faire plus, mieux, plus rapidement. Ces solutions contribuent à faire gagner de l'argent à l'entreprise et donc contribuent également à ma réussite. Cette paresse m'a aidé à trier les tâches et à ne me focaliser que sur celles qui sont obligatoires et celles qui peuvent m'aider à réussir. Cette paresse m'a aidé à trier les personnes avec qui je passe du temps, à délaisser les inutiles et les toxiques au profit des personnes qui comptent vraiment et de celles qui m'apportent quelque chose.

Aussi fou que cela puisse paraître, la paresse est une force qui me motive et m'aide à réussir. Cela me rappelle mes cours d'économies à l'université : l'efficacité, c'est obtenir le plus possible avec le moins d'effort possible. C'est une paresse que je qualifierai de positive, par opposition à la paresse négative qui empêche d'agir, cette paresse négative qui vous pousse à rester inactif dans une bulle confortable en espérant que celle-ci n'éclate pas...

3.9.
Savoir donner pour recevoir

Un vrai professionnel fait du business. Il sait investir, c'est-à-dire qu'il sait donner pour recevoir plus. Il sait que rien n'est gratuit. Il sait qu'il n'y arrivera jamais seul, mais avec l'aide et la compétence des autres.

L'entreprise n'est pas une grande famille contrairement au discours de certains. Celui qui ne donne rien n'obtient en général rien en retour sinon le privilège d'être catalogué comme pingre, mesquin, gagne-petit, grippe-sou... Ce type de personnes ne respire pas le bonheur en règle générale et leur étroitesse d'esprit les condamne souvent, dans le meilleur des cas, à des rôles de petits chefs.

Si vous voulez réussir, il faut savoir investir et en particulier investir dans les personnes.

Vous voulez protéger un brevet efficacement ? Employez les services d'avocats spécialisés. Vous voulez vous développer dans un nouveau pays ? Recrutez une équipe locale, utilisez un cabinet comptable local. Vous voulez revoir votre stratégie fiscale ? Faites appel à des spécialistes reconnus. Cela coûtera parfois cher. Cependant, faire l'économie de spécialistes risque de vous coûter bien plus cher voire de vous mettre en situation périlleuse. Ma grand-mère ne cessait de répéter que ce qui n'est pas cher finit toujours par coûter plus cher que ce qui est cher. Quand j'avais 7 ans, je ne comprenais pas très bien ce qu'elle voulait dire. Aujourd'hui, c'est clair.

Investissez également un peu de votre temps pour mieux connaître des personnes avec qui vous devez renforcer votre collaboration ou qui sont susceptibles de vous aider d'une manière quelconque. Un déjeuner ou un verre après le travail peuvent aider. Ces moments aident à s'apprécier mutuellement, à aborder des sujets professionnels aussi bien que personnels. Vous verrez plus clair sur les idées, les opinions, la compétence et la personnalité de votre interlocuteur. Certaines personnes vous décevront. Certaines resteront neutres à votre égard. D'autres deviendront des proches, vous aideront (souvent de bon cœur) dans les projets que vous entreprendrez : le groupe de proches que vous pourrez ainsi constituer sera un atout de tout premier choix pour votre réussite.

Évitez les consultants en management, sauf dans les cas où vous n'avez pas le choix. Leur intérêt de faire durer aussi longtemps que possible une mission et de vous charger un maximum de frais risque de plomber votre budget et votre réputation. Par ailleurs, en plus de leur coût, ils contribueront à vous maintenir dans votre zone de confort, à vous maintenir statique. Or la zone de confort est confortable à court ou moyen terme, mais elle devient particulièrement dangereuse à long terme. Vous devez apprendre, acquérir de nouvelles compétences en permanence pour garder de l'avance. Or, souvent, c'est le consultant qui apprend et non vous. Le consultant consomme votre budget, apprend, devient plus compétent à chaque mission et vous ? Vous coûtez de plus en plus cher à votre entreprise, apprenez peu et stagnez en compétences.

Si vous utilisez un consultant, utilisez-le comme un coach pour vous apprendre à faire le métier. Comment fait-il ? Quelles sont ses sources, sa méthode, ses astuces... ? Apprenez de lui puis faites dans un second temps par vous-même ce que vous avez appris. Vous n'avez plus besoin du consultant pour les missions simples que vous pouvez désormais gérer vous-même. Utilisez alors le consultant pour une mission plus complexe et faites de même. Vous ferez un coup double ainsi : vous multiplierez vos compétences et contribuerez à des économies substantielles pour votre entreprise. Rien que des bonnes choses pour votre survie et votre progression.

3.10.
Être un facilitateur du business

Combien de fois j'entends dans les réunions : « ce n'est pas possible », « c'est trop compliqué », « on ne l'a jamais fait », « on n'a pas les ressources », « c'est risqué » ... ? Et combien de fois ces phrases ont-elles conduit à des opportunités perdues ? Je ne compte plus.

Une règle fondamentale dans une entreprise : ne pas bloquer ou gêner le business. Vous devez faciliter le business autant que possible, tout comme vous devez veiller à sa sécurité et à son éthique.

Quand le manager d'un autre département vient vous voir pour un projet ou un problème sur lequel votre intervention peut l'aider, ne le rejetez jamais. Écoutez-le d'abord. Si le sujet n'est pas du tout de votre ressort ou si vous ne pouvez absolument rien faire, expliquez-en clairement les raisons et essayez d'orienter votre interlocuteur vers la bonne personne. Si le sujet vous concerne, étudiez-le. N'hésitez pas à demander du temps pour étudier la question, multiplier les avis, collecter les données nécessaires pour vous forger votre propre opinion.

Le sujet est un problème : vous ne devez pas être associé au problème, mais à la solution. Analysez le problème, cherchez la solution la plus simple possible pour tout le monde, obtenez le consensus pour la mettre en place et mettez-la en œuvre. Dans le cas d'un problème complexe, assurez-vous de faire partie, de manière visible, du groupe de travail chargé de le résoudre.

Le sujet est une opportunité pour développer le business ou l'améliorer. Cela sent l'opportunité à saisir, mais soyez prudent. Analysez la situation. Qui vous le demande ? Quelle est sa réputation ? Quelles sont ses réalisations ? Quel type de personnes estce ? Ensuite, l'idée vient-elle de cette personne ou de plus haut ? De qui ? Puis, quels sont les enjeux ? Quel est le gain financier et de prestige à la clé ? Quels efforts sont requis ? Le risque est que vous fassiez le travail et que le demandeur s'approprie les lauriers à lui tout seul. Si l'opportunité semble bonne, associez-vous à cette personne, mais restez visible et assurez-vous de figurer à juste titre pour votre contribution dans les réunions, les rapports, les présentations. Vous gagnerez des points, mais également de la notoriété et de nouveaux alliés. Vous renforcerez votre groupe de proches dans l'entreprise, votre position et votre réputation. Bref, ce qu'il faut pour survivre et réussir.

Revenons aux réunions où les opportunités se perdent face aux petites phrases assassines. Si des dirigeants sont présents, vous pouvez gagner des points et sortir du lot. En général, après les petites phrases qui assassinent les opportunités, tout le monde se tait et l'on passe au sujet suivant. Si une opportunité vous semble intéressante, réaliste et jouable, c'est le moment de jouer. Après la petite phrase assassine, dans le bref moment de silence qui suit, vous pouvez contredire la phrase assassine, ou du moins la temporiser. Obtenez d'abord un ou deux chiffres clés : combien de gain ou d'économies il peut y avoir à la clé, au minimum et au maximum ? Les concurrents étudient-ils ou développent-ils cette opportunité ? Si cela en vaut la chandelle, proposez d'y jeter un œil, d'étudier la question plus en détail, bien entendu avec l'aval du ou des décideurs présents. Si effectivement il n'y a rien à faire, cela aura juste coûté un peu de votre temps. Si, au contraire, quelque chose peut être fait, et c'est souvent le cas, vous pouvez gagner un maximum de points pour votre carrière. Enfin, votre côté allant de l'avant sera certainement remarqué par les décideurs qui, un jour où il leur faudra quelqu'un, se souviendront peut-être de vous...

En règle générale, ne bloquez pas une décision d'entrée de jeu. Prenez le temps de la comprendre. Si vous sentez des risques ou des blocages, précisez que le sujet est complexe et que vous allez vous y pencher. À vous de trouver des solutions. Si aucune solution n'est possible, expliquez pourquoi en détail, mais montrez que vous avez fait le maximum : personne ne vous blâmera.

Ceux qui bloquent le business risquent de le payer cher. L'entreprise doit progresser pour survivre et se développer, ce que les dirigeants s'efforcent de faire et ce pour quoi ils ont besoin de personnes fiables à leurs côtés : si vous les gênez, vous les tenterez de se débarrasser de vous. Ensuite, si vous apportez plus de problèmes que de solutions, cela vous créera une mauvaise réputation qui risque de vous impacter le jour où il faudra réorganiser la société. Enfin, tous ceux dont vous avez bloqué les projets, mis des bâtons dans les roues, compliqué la tâche, ne vous oublieront probablement pas : le jour venu, vous risquez d'avoir, sans même que vous le remarquiez, un consensus poussant à votre mise à l'écart voire à votre départ.

3.11.
Inspirer les autres

Réussir en entreprise impose souvent de prendre un rôle de leader, à plus ou moins grande échelle selon la position de chacun.

Nous n'allons pas faire un manuel de leadership, mais juste passer en revue quelques éléments clés qui m'ont aidé à réussir à établir un leadership là où, quelques années plus tôt, personne ne m'aurait suivi.

Le premier élément est la confiance que vous inspirez. Si vous êtes quelqu'un dont la parole est crédible, dont l'intégrité est reconnue, vous inspirerez de la confiance sur le plan humain. Si vous êtes quelqu'un que l'on écoute, dont l'expertise est reconnue, dont les entreprises sont généralement couronnées de succès, vous inspirerez de la confiance sur le plan technique, professionnel.

Le deuxième est le gain que les autres vont espérer de vous. Pourquoi vous suivre, faire des efforts si ce n'est pas pour en récolter au moins quelques fruits au final ? Tout effort doit être récompensé et vous devrez y veiller personnellement. Il ne s'agit pas de simple cupidité, mais, une fois de plus, de business : donner pour recevoir. Parmi les fruits, l'utilité du projet : à quoi cela va-t-il servir ? Combien cela va rapporter à l'entreprise ? Quels problèmes vont être résolus ? L'action doit avoir du sens et vous devez convaincre sur la finalité de l'effort fourni. Ensuite, la reconnaissance, voire la gloire font partie des récompenses que chacun d'entre nous apprécie. Enfin, la récompense pécuniaire ou promotionnelle, celle qui aide à progresser et à mettre plus de beurre dans les épinards.

Quand j'engage un projet, j'ai généralement besoin de personnes aux compétences diverses pour m'aider. Soit je les connais et vais les voir directement, soit je passe par le responsable ou le directeur de leur département. Il me faut chaque fois avoir un projet qui motive, apporte de la valeur et, idéalement, soit aligné avec une ou plusieurs préoccupations du comité directeur.

Je n'ai pas le pouvoir de les promouvoir ou d'augmenter leurs salaires à la fin, même si le projet réussit. En revanche, j'ai du temps à leur offrir : mon temps. Ce temps, je l'utilise de différentes manières. Je peux aller voir un dirigeant pour le féliciter du travail fait par tel département qu'il supervise, en particulier M. X et Mme Y qui ont contribué à résoudre tel problème critique et à économiser Z dollars par an. M. X et Mme Y sont exemplaires, méritent votre attention et votre département a de la chance d'avoir de tels collaborateurs. Je peux utiliser mon temps à faire un email de remerciement très personnalisé à quelqu'un qui m'a aidé, en précisant sa contribution chiffrée, son degré d'implication, la fierté que j'ai eue de travailler sur ce projet à ses côtés... et je mets en copie toute sa hiérarchie jusqu'aux membres concernés du comité directeur. Ce temps, je peux aussi l'utiliser pour aller voir le directeur des ressources humaines et lui signaler des potentiels. Bref, j'arrive à réaliser des projets bénéfiques pour l'entreprise, pour moi-même et ceux qui m'aident en échangeant des efforts contre mon temps. N'oubliez pas que le temps c'est de l'argent. Cette technique m'a toujours servi et la majorité de ceux qui m'ont ainsi aidé ont obtenu davantage de bonus, davantage de promotions, ont mieux résisté que la moyenne aux plans sociaux.

Le dernier élément est la peur. On peut l'appeler aussi le bâton et dans ce cas renommer le deuxième élément en carotte au lieu de gain. Certains vont hurler au cynisme et je réponds « Mais pas du tout ! ». Nous savons tous que l'entreprise est un lieu dur, une jungle moderne où chacun cherche à survivre et à s'en sortir. Vous êtes en compétition avec d'autres, compétents ou non, humainement bons ou foncièrement mauvais. Peu importe, vous êtes en compétition.

Si quelqu'un de compétent et humainement bien peut vous aider dans un projet, vous devez avoir cette personne à vos côtés. Parfois, les personnes peuvent ne pas être intéressées par le gain, peuvent avoir un coup de mou, peuvent n'avoir aucun intérêt dans votre brillant projet, peuvent avoir jeté l'éponge, peuvent ne pas vous aimer ou avoir des a priori négatifs sur vous... Dans ce cas, la peur peut vous aider à débloquer la situation à votre avantage. Si cette personne est en compétition avec un incompétent mauvais (ou un compétent mauvais ou n'importe qui d'autre), faites-lui comprendre que vous lui offrez une opportunité de marquer des points. Vous lui offrez soit l'opportunité de garder de l'avance, soit de rattraper un retard accumulé et de regagner la motivation perdue il y a des années. Si l'entreprise se porte mal et que les plans sociaux menacent, cette personne peut devenir une cible aisée, statique. Beaucoup sont résignés et font le gros dos en attendant le coup de fil ou la lettre des ressources humaines. Rappelez à cette personne le contexte actuel, son attitude qui la place en cible, sa famille... et embarquez-la dans votre projet. Elle sortira ainsi du champ de tir, aura une chance de durer davantage et, qui sait, peut-être sera-t-elle gagnée à son tour par le virus de la réussite. À la fin du projet, n'oubliez surtout pas le gain fièrement gagné. Si un plan social est en cours, n'hésitez pas à indiquer aux instigateurs du plan que vous travaillez sur un projet à forte valeur ajoutée avec un groupe de personnes, que vous nommerez, et dont vous avez absolument besoin.

Confiance, gain et peur : c'est mon trio gagnant pour inspirer ceux qui m'entourent.

Comment ai-je fait pour trouver ce trio gagnant ? Tout simplement parce qu'à force de manquer de confiance en moi, de ne pas gagner et d'avoir peur, j'entretenais le trio opposé. Je ne réalisais pas grand-chose d'utile, me maintenais comme un coût pour mes employeurs et parvenais rarement à inspirer les autres à me suivre. Bien que mon ego essayât de cacher cela sous un prétexte d'incompréhension, d'injustice, ils avaient raison de ne pas me suivre.

Et quand une recette ne marche pas, il faut la changer.

3.12.
Être soi-même, mais pas trop longtemps

On entend souvent qu'il faut savoir rester soi-même. Tout dépend de ce que l'on est, de ce que l'on veut être.

J'ai aujourd'hui 42 ans et je suis heureux de ne pas être resté ce que j'étais à 20 ans ou à 30 ans. À 20 ans, j'étais idiot. Est-ce que je veux rester idiot ? Non. À 30 ans, j'étais fauché. Est-ce que je veux rester fauché ? Non. Chaque année, j'apprends de nouvelles choses, pas uniquement professionnellement, mais aussi personnellement et sur la vie en général. Chaque année, je sens que je progresse, bien que lentement, sur un chemin sans fin. Chaque année, j'apprécie cette progression. Par conséquent, je ne regrette pas ce que j'étais un an auparavant et suis heureux de ne pas être resté ce que j'étais un an auparavant.

Professionnellement, il est dangereux de rester soi-même, car cela conduit à stagner et donc à se mettre en danger. Il faut toujours apprendre, progresser, garder des longueurs d'avance. On ne peut pas rester soi-même dans une entreprise sauf à le vouloir délibérément et à en assumer les risques.

Sur un plan personnel, la vie nous fait évoluer. Les personnes que nous rencontrons, les personnes que nous perdons, celles que l'on aime et celles que l'on déteste, celles qui nous ouvrent les yeux sur des choses nouvelles, celles qui tendent à nous faire régresser, celles qui nous encouragent, celles qui nous déçoivent... nous font évoluer. Chacun en tire sa propre expérience. Chacun se construit différemment, remet en cause ou non ses convictions, établit et fait évoluer son système de valeurs.

Lorsque ce système de valeurs est solide, lorsque vous vous sentez bien avec vos valeurs, c'est-à-dire ni brimé, frustré, malheureux, triste mais épanoui, heureux, bien dans votre peau, alors ce système de valeurs est bon. S'il vous convient, attachez-vous-y. Sinon défaites-vous-en ou ajustez-le.

Cependant votre système de valeurs n'est pas vous. Ce n'est qu'une partie de vous. Vous pouvez laisser votre système de valeurs tel qu'il est s'il vous convient et vous rend heureux, mais vous devez continuer à apprendre et à progresser. Il convient de ne pas amalgamer système de valeurs, état d'esprit, expériences et compétences. Même si tout est lié, chaque élément n'en demeure pas moins spécifique. Un système de valeurs solide, avec lequel vous vous sentez en harmonie, peut devenir statique, car il n'a pas besoin d'évoluer. Rien ne vous empêche d'évoluer tout en préservant un système de valeurs qui vous convient. Ce n'est en rien incompatible, au contraire.

Les humains sont des animaux sociaux et nous sommes influencés par notre environnement. Nous avons souvent tendance à devenir une sorte de moyenne des gens qui nous entourent au quotidien. Quelqu'un qui évolue dans un milieu entretenant l'entrepreneuriat, la culture, la philosophie, les échanges constructifs sera poussé à ne pas rester tel qu'il est et à progresser autour d'un système de valeurs solides. Quelqu'un qui n'a pas cette chance, entouré de personnes sans connaissance des rouages de l'entreprise, du système économique, sans esprit d'entreprendre... aura plus de difficultés. Il lui faudra souvent reconsidérer une bonne partie de son système de valeurs au fur et à mesure, apprendre à oser, à remettre en question un mode de vie. Cela sera d'autant plus difficile que cette personne devra certainement faire face à beaucoup de personnes qui la freineront ou essaieront de la freiner avec les banalités « Tu prends trop de risques », « Ça ne marchera jamais », « Il faut faire profil bas », « Apprends à te contenter de ce que tu as », « Ce n'est pas fait pour les gens comme nous » ... Quelqu'un dans cette situation, pour survivre et réussir, ne pourra pas rester soi-même sans prendre le risque de se condamner. Il lui faudra non seulement apprendre, comme pour tous, mais aussi changer un système de valeurs construit profondément en elle depuis le plus jeune âge.

Pour certains, être soi-même c'est faire ce que l'on veut, dire ce que l'on veut, c'est avoir des droits. Personnellement, je n'ai jamais vu autour de moi une seule personne de ce type réussir. Beaucoup survivent, mais dans des placards ou au fond d'un bureau obscur. Une entreprise est un groupe de personnes qui, malgré leurs différences, doivent œuvrer ensemble pour réaliser du profit. Pour que ça marche, il faut une organisation, des règles, une stratégie, ce qui est incompatible avec la possibilité de faire ce que l'on veut, à moins que ce que l'on veut soit de faire partie d'une organisation, avec des règles et une stratégie.

De même, la liberté d'expression est fondamentale et chacun doit pouvoir exprimer ses idées, ses suggestions, ses craintes. Dans l'entreprise, ceci doit être constructif. Critiquer gratuitement est nuisible. Critiquer est facile. Dénigrer est facile. Faire est difficile. Construire est difficile. Progresser est difficile. La critique est bonne si elle démontre qu'une idée par exemple est dangereuse et si cette même critique est accompagnée d'une solution pragmatique et réalisable. Les propos ne doivent pas être offensants, mais basés sur des faits, respecter une éthique, le respect de votre collègue.

Et puis, si chacun a des droits, chacun a aussi des devoirs. Dans l'entreprise, votre premier devoir c'est de contribuer à sa réussite.

Enfin, si durant les dernières années vous n'avez rien appris, pas progressé sur un plan humain ou personnel, êtes resté au même poste sans rien de changé, attention ! Vous êtes peut-être resté vous-même un peu trop longtemps. N'oubliez pas que la stagnation à moyen ou long terme devient un risque pour votre survie et qu'elle élimine quasiment toutes vos chances de réussite.

3.13.
Être un bon produit marketing

Savez-vous ce qu'est le « marketing mix » ? C'est une approche marketing reprenant les éléments fondamentaux d'un produit : le produit lui-même (ou le service), son prix, sa communication, son mode de distribution.

Que cela vous plaise ou non, vous êtes un service sur le marché du travail. Ce service est notamment composé de vos compétences, votre expérience, votre personnalité. Votre salaire est votre prix. Si votre prix est supérieur à ce que vous rapportez concrètement (en chiffre d'affaires ou en économies), vous êtes un coût. Si votre prix est nettement inférieur à ce que vous coûtez, vous êtes un investissement rentable. Si votre prix est très largement inférieur à ce que vous coûtez, vous êtes un excellent investissement et c'est peut-être le moment d'augmenter un peu votre prix tout en maintenant l'investissement excellent.

Votre réseau de distribution est la manière dont vous vous vendez. Répondez-vous à des annonces pour trouver un job ou vient-on spontanément vous proposer des opportunités ? Tant que j'étais un coût, je cherchais des jobs en répondant à des annonces et il me fallait envoyer une quantité incroyable de candidatures avant de trouver un poste. Une fois devenu rentable, et connu pour mes résultats sur le marché, je n'ai plus à envoyer la moindre candidature : je suis directement contacté, souvent de la part d'une connaissance commune, pour me voir proposer une opportunité de poste. Avant je luttais pour qu'une entreprise me dise « oui ». Maintenant, je dis « non merci » presque chaque fois. Encore mieux, en temps de crise les opportunités de postes tendent à se raréfier. Maintenant, en ce qui me concerne, elles augmentent. Ce qui est finalement logique. Quand les temps sont bons et l'argent coule à flots, vous pouvez payer des coûts. Quand les temps deviennent durs et que l'argent se fait rare, vous devez réduire les coûts et trouver de nouvelles sources de revenus ou d'économies.

La communication est fondamentale et je l'ai rapidement compris, même si ma communication personnelle a pendant longtemps été mauvaise, voire contre-productive.

Je vais prendre un exemple simple en espérant que, comme moi, vous aimez le chocolat.

Imaginez-vous un instant dans un magasin avec 2 paquets de gâteaux au chocolat. L'un est ordinaire, un peu triste mentionnant juste « gâteau au chocolat », vendu 3 dollars. L'autre est superbe, avec une photo montrant un cœur fondant de chocolat, avec la mention « délicieux gâteau à la saveur incroyable de chocolat », vendu 5 dollars. Beaucoup vont prendre le deuxième, plus alléchant. Pourtant, le deuxième n'est pas un gâteau au chocolat : il n'en a que la saveur, aussi incroyable soit-elle. Pis encore, il est finalement moins savoureux que le premier et coûte 2 dollars de plus. La moralité de l'histoire est simple : on tend à se fier aux apparences plus qu'à la raison. Mais c'est trop tard, le beau paquet qui renfermait un produit médiocre s'est vendu. L'autre paquet, renfermant un bon gâteau, est resté invendu sur l'étalage. S'il y a autant de mauvais salariés dans les entreprises, c'est en partie parce que bon nombre de recruteurs se font berner par des candidats, pas forcément compétents, mais qui maîtrisent l'art de la communication et de la présentation. Il y a 20 ans, je souffrais de cela. Les opportunités me passaient sous le nez chaque fois et je voyais des personnes moins compétentes y arriver mieux.

Maintenant, imaginez que vous avez entendu parler d'un délicieux gâteau dans tel magasin situé au n° 46 de telle rue. Vous allez être tenté d'y faire un tour pour goûter ce fameux trésor de pâtisserie, quel que soit son emballage. Peu importe l'emballage : la réputation est faite. Le bouche-à-oreille fonctionne et c'est la meilleure publicité possible. Il suffit de réussir à votre poste avec des résultats tangibles, mesurables, de le faire savoir en interne et aussi à l'extérieur pour amorcer le bouche-à-oreille. Nous développerons plus loin dans ce livre le volet communication. Sachez juste que le bouche-à-oreille prend du temps et qu'une réputation prend de longues années pour se construire. Sachez aussi que quelques instants peuvent la ruiner et que vous devrez donc y veiller avec le soin le plus extrême.

Je n'ai jamais aimé l'idée d'être un produit sur un marché, comme un yaourt, un aspirateur ou une barquette de viande. Mon ego ne l'acceptait pas et ne l'a d'ailleurs pas accepté pendant de longues années. Malheureusement pour moi la réalité était là et, à l'ignorer, je n'obtenais aucun résultat. Il m'a fallu l'accepter. Cela a été une superbe leçon d'humilité qui m'a aidé à voir la vie et ce que j'étais d'une autre manière, c'est-à-dire avec les yeux ouverts sur la réalité d'un monde encore plus cynique que j'osais l'imaginer. La relecture de Marc Aurèle m'a beaucoup aidé à passer ce cap. Les écrits du grand homme sont parfaits pour ramener les ego qui s'envolent sur terre et l'esprit à la raison.

Dès que vous êtes salarié, consultant, profession libérale... c'est-à-dire dépendez de quelqu'un pour financer votre mode de vie et votre existence, vous êtes un produit ou un service.

C'est une règle implacable qui s'impose. À vous de l'accepter, de l'utiliser à de bonnes fins et d'entretenir un bon « marketing mix ».

4.
Réaliser au lieu d'exécuter

Une fois que vous avez conscience de l'environnement dans lequel vous évoluez, et que vous ne vous faites plus de fiction au sujet de l'entreprise, une fois que vous avez les éléments et le savoir-être évoqués précédemment, il est temps de passer à l'action.

Dans une entreprise, il y a 2 types d'acteurs : ceux qui réalisent et ceux qui exécutent.

Certains médisants vous diront qu'il y a ceux qui pensent et ceux qui exécutent. Je ne suis pas d'accord et la réalité du quotidien me donne raison : ceux qui exécutent sans penser n'exécutent finalement pas grand-chose et ceux qui pensent sans savoir exécuter sont souvent à côté de la plaque. Ce type de penseurs génère souvent plus de dégâts pour l'entreprise que de valeur ajoutée.

Beaucoup d'entre nous exécutent ou ont commencé par exécuter. Les postes d'exécution, c'est-à-dire où le travail consiste à répéter un algorithme, à suivre des processus établis, n'offrent pas de place pour mettre en place de nouvelles idées, adapter la manière de travailler... Ils sont cependant utiles pour commencer une carrière. Ils permettent de comprendre la réalité du terrain, les difficultés opérationnelles et d'être ainsi conscient d'une réalité essentielle.

Beaucoup de penseurs restent dans leur tour d'ivoire avec pour seule information des tableaux de chiffres. Leurs idées, leurs décisions sont souvent en décalage avec la réalité du terrain, n'apportent que rarement les résultats escomptés et compliquent plus la vie des salariés sur le terrain qu'elles ne les améliorent. Et quand quelque chose fonctionne, ces penseurs ne peuvent accepter de les laisser en l'état pour montrer qu'ils existent, qu'ils agissent. On comprend ainsi pourquoi de nombreuses entreprises, à force de projets inefficaces, inutiles, parfois stupides, se transforment peu à peu en bureaucraties pour mieux se diriger vers des crises profondes.

L'exécution est une étape d'apprentissage utile. Le souci des postes d'exécution est que ceux qui les occupent y stagnent le plus souvent. Et stagner, c'est se mettre en danger. Ceux qui sont déjà à des postes de réalisation doivent évoluer vers des postes où ils peuvent réaliser encore plus. Ceux qui sont à des postes d'exécution doivent évoluer vers des postes de réalisation.

Les postes d'exécution ne sont pas que des postes d'ouvriers. La plupart des médecins exécutent des protocoles répétitifs : « Qu'avez-vous ? », prise de température, « Ouvrez la bouche », « Avez-vous mal ici » pour finalement prescrire un même traitement plusieurs fois par jour. Beaucoup d'ingénieurs interprètent des résultats d'analyses de manière répétitive. Beaucoup de techniciens répètent les mêmes examens de contrôle. Beaucoup de souscripteurs d'assurance établissent des contrats avec les mêmes clauses de manière répétitive tout au long de leur carrière. Ces postes d'exécution sont clairement menacés par les progrès rapides de l'intelligence artificielle. Les opérations de trading, les analyses de sondages géologiques, les radiographies et les IRM, les projets d'ingénierie, la maintenance industrielle... entièrement gérés par des spécialistes de haut niveau deviennent de plus en aidés voire automatisés par l'intelligence artificielle. De nombreux ouvriers ont été remplacés par des machines. De nombreux ingénieurs et autres spécialistes de haut niveau vont être progressivement remplacés par des logiciels, sauf à évoluer et à utiliser les logiciels comme un moyen d'augmenter leurs capacités personnelles.

Pour survivre à l'évolution des techniques, des technologies, des modes, de la robotique et de l'intelligence artificielle, de la concurrence internationale, de la conjoncture économique, il faut donc évoluer de l'exécution à la réalisation de projets. C'est l'objet de ce chapitre.

D'abord, un projet doit répondre aux attentes du plus grand nombre et c'est pourquoi nous passerons un peu de temps à revoir les objectifs des grandes catégories d'acteurs dans l'entreprise : les salariés opérationnels, le management intermédiaire et les dirigeants. Ensuite, comment identifier les opportunités de projet et les mener à bien ? Enfin, comment valoriser vos résultats pour ne plus uniquement survivre mais réussir ?

4.1.
Comprendre l'objectif
du top management

Plus on situe en haut de la hiérarchie, plus on se rapproche des actionnaires qui ne demandent qu'une chose : plus de profits pour plus de dividendes et un cours accru de leurs actions.

Certaines entreprises en crise, avant d'envisager une quelconque perspective de profit, doivent limiter l'hémorragie de pertes financières et viser en premier lieu l'équilibre financier. Ce sont souvent des entreprises touchées par les renversements de conjoncture, l'opportunité d'une nouvelle technologie ou une technique manquée, une mode qui devient dépassée. Beaucoup d'entreprises publiques sont également dans cette situation, quel que soit le pays. Pour ces entreprises, les actionnaires (y compris l'État) cherchent en premier lieu la réduction des pertes et le retour au moins à l'équilibre. Le profit est un rêve que le plus souvent ils n'envisagent pas à court ou moyen terme. Pour ces entreprises, les plans de restructuration de l'organisation, des métiers, des effectifs, du positionnement sur le marché... font partie des priorités et leurs actionnaires veulent des résultats concrets.

Les actionnaires possèdent l'entreprise. Ils nomment et défont les dirigeants, qui eux-mêmes font et défont le mid-management, qui lui-même fait et défait les opérationnels.

Dans tous les cas, si vous contribuez à faire autant voire mieux avec moins, à faire des ventes additionnelles, à augmenter les marges, à réduire des pertes ou des problèmes qui pèsent sur l'entreprise, vous contribuerez à améliorer la profitabilité de l'entreprise et donc à satisfaire les actionnaires. Cela satisfera votre patron par conséquent, le patron de votre patron, son patron à lui, et ainsi de suite : dans tous les cas, c'est bon pour vous.

4.2.
Comprendre l'objectif
du mid-management

Le mid-management (ou management intermédiaire) est fondamentalement séparé des actionnaires par le top management qu'il redoute. Le top management en effet fait non seulement retomber en cascade la pression des actionnaires sur le mid-management, mais est également parfois une source d'idées tortueuses que le mid-management doit mettre en œuvre pour survivre. Dans ce dernier cas, le mid-management doit souvent mobiliser des salariés opérationnels qui ne sont ni motivés ni convaincus.

Le mid-management est le niveau hiérarchique qui doit faire face aux clients mécontents, aux salariés démotivés ou absents, faire des rapports de toutes sortes pour le top management, stimuler les ventes de produits qui n'intéressent pas les clients... Bref, les mid-managers endurent beaucoup et souvent pour des rémunérations très inférieures à celles du top management.

Le mid-management offre de nombreux postes et d'opportunités de promotions pour ceux qui y sont. En revanche, les mid-managers qui souhaitent évoluer vers le top management se heurtent à un plafond de verre. Ils ne peuvent alors qu'évoluer horizontalement, c'est-à-dire à des postes différents, mais de même niveau hiérarchique que celui qu'ils occupent, sauf à changer d'entreprise. Dans ce cas, ils peuvent évoluer vers de postes de top management, mais en changeant pour une entreprise souvent de plus petite taille.

Lorsque vous faites partie du mid-management et dépendez d'un membre du top management, vos objectifs sont simples et souvent visent à faire du profit ou du moins à minimiser des pertes d'une année sur l'autre.

Lorsque vous faites partie du mid-management, dépendez d'un autre membre du mid-management ou si vous devez gérer des salariés opérationnels, les choses sont moins simples. Vous devez bien sûr contribuer aux profits (ou à la réduction des pertes), parfois sous la forme d'objectifs chiffrés, lesquels peuvent s'avérer irréalistes. Vous devrez également y parvenir tout en faisant face à tous les soucis mentionnés plus haut. Réaliser le reporting, gérer les plannings, les salariés absents ou démotivés, faire face aux clients mécontents, aux problèmes informatiques, aux réclamations, aux cas exceptionnels non prévus dans les procédures, aux urgences de dernière minute, faire face à la compétition entre mid-managers (plus rude qu'entre dirigeants)...

Vous dépendez d'un mid-manager ? Il vous faudra alors non seulement contribuer aux objectifs chiffrés de votre patron, mais également lui apporter le soutien, la fiabilité et le confort qu'il peut espérer de vous au quotidien pour atteindre ses propres objectifs.

4.3.
Comprendre les attentes
des salariés opérationnels

Le salarié opérationnel est celui qui produit, maintient ou entretient, celui qui vend, gère le quotidien... sous la supervision du mid-management.

On lui demande souvent de faire plus, parfois beaucoup plus, avec des objectifs et des contraintes de plus en plus fortes. Produire plus, plus vite, vendre plus, vendre plus vite, vendre des produits ou des services invendables, maintenir les équipements toujours plus rapidement...

C'est également celui qui subit en premier les plans de restructuration et de compression de personnel. C'est enfin celui qui voit les chefs se succéder, soit pour aucun changement du quotidien soit pour des changements qui souvent ne font que compliquer le quotidien. Et si un chef est compétent, bon, change positivement les choses, celui-ci ne restera pas longtemps avant d'être promu ou débauché par la concurrence.

Le salarié opérationnel, souvent motivé au début, finit souvent démotivé par cette situation, le manque de reconnaissance et de promotion par sa hiérarchie, malgré des efforts soutenus.

Le salarié opérationnel dépend d'un mid-manager le plus souvent. Pour survivre, il devra bien sûr réaliser son travail correctement. Il devra également contribuer à la réussite et au confort du mid-manager dont il dépend, sachant que celui-ci fera rarement preuve de gratitude. Au contraire, il aura tout intérêt à éviter la promotion ou le départ d'un salarié qui contribue efficacement à ses résultats et lui apporte un soutien des plus utiles.

4.4.
L'exécution : un danger à terme
à transformer en opportunité

Vous l'avez compris depuis le début de ce livre : être un exécutant est dangereux sur la durée. Cela ne veut cependant pas dire qu'il est impossible d'être autre chose qu'un exécutant durant toute son existence, même si beaucoup y croient et le restent effectivement.

Cela implique cependant en général de passer toute sa vie sans souffrir de la concurrence (nouvelles générations, concurrence étrangère, nouvelles technologies...), des crises, des plans de restructurations, des patrons tordus... et souvent pour des salaires permettant au mieux de s'offrir quelques extra et quelques vacances en plus des dépenses quotidiennes.

Rester un exécutant c'est un peu comme jouer à la roulette russe, avec au fil du temps un peu plus de balles dans le barillet. Sans compter l'ennui que peut provoquer la routine, le risque de perte progressive d'estime de soi et le sentiment en fin de course de n'avoir rien fait de sa vie, sinon des enfants avec l'espoir qu'ils s'en sortiront mieux.

Lorsqu'on parle d'exécutants, on s'imagine souvent des ouvriers, des techniciens de maintenance, des guichetiers... C'est oublier que beaucoup d'exécutants sont à des postes de cadres, notamment dans des services administratifs, de contrôle, etc. Ces derniers sont tout aussi exposés que les premiers, si ce n'est plus. Et l'on parle beaucoup moins du chômage des cadres que de celui des ouvriers.

L'exécutant doit lutter pour changer de camps et passer du côté de ceux qui organisent, améliorent, optimisent. Bref, il doit apporter de la valeur à l'entreprise non plus en exécutant, mais en proposant, en agissant autour de projets ciblés. Cela veut dire une chose : ne plus subir, mais prendre l'initiative.

4.5.
Rester à l'écoute de l'entreprise
et de ses problèmes

Avant de prendre une initiative, il faut trouver une opportunité à cibler. Et je ne connais aucune entreprise où il n'y ait pas de problème, autrement dit je ne connais aucune entreprise où il n'y ait pas d'opportunité. Vous avez peur de manquer une opportunité ou de ne pas en voir ? Ne vous inquiétez pas, si vous en manquez une, vous en aurez dix autres.

Tout d'abord, regardez autour de vous : dans votre bureau, votre service, votre département. Quels sont les problèmes quotidiens ou récurrents ? Sur quoi vous et vos collègues perdez votre temps ? Sur quoi l'entreprise perd de l'argent ? Si vous avez affaire aux clients, qu'est-ce qui les agace ou les fait hésiter à passer à l'achat ? Si vous avez affaire aux fournisseurs, qu'est-ce qui provoque des retards, des problèmes de conformité... ? Discutez avec vos collègues pour mieux cerner tel ou tel problème : comment cela les impacte-t-il ? Combien de temps ce problème leur prend ?

Essayez ensuite de cerner les éventuelles inquiétudes ou préoccupations de votre hiérarchie au sujet de votre service ou département. Les résultats de votre département, service, unité, magasin... sont-ils insuffisants ou les coûts trop élevés ? D'autres départements ou des tiers (clients, prestataires...) font-ils remonter des réclamations concernant votre département ? Qu'aimerait améliorer votre hiérarchie concernant votre département, son futur rôle et ses futures missions, son évolution ? Si vous avez l'occasion d'approcher des membres de la direction, échangez avec eux à ce sujet. Sinon essayez d'obtenir l'information de personnes proches d'eux ou échangez avec votre responsable des ressources humaines lors de votre bilan personnel. Essayez également de mettre la main sur les rapports d'activité concernant votre département et de voir l'évolution des indicateurs.

Lisez le rapport de l'entreprise s'il y en a un. Regardez l'évolution de la santé financière de l'entreprise et comparez-la à celle de ses concurrents. Intéressez-vous à la presse professionnelle, aux avis, analyses et commentaires sur Internet. Si les autres font différemment avec de meilleurs résultats, cela peut vous aider à trouver des idées.

Regardez ce que pensent les clients. Les produits sont bons, mais jugés chers et l'entreprise a des coûts élevés ? Cela veut dire que toute idée qui pourra optimiser les coûts sera bonne à prendre.

Vous devez être à l'écoute, en permanence. Vous devez être un bon observateur, à l'écoute de tout signal susceptible de vous ouvrir une opportunité (ou un danger). Ajoutez-y un réseau de capteurs : réseaux de collègues dans de multiples départements/entités de la société, contacts avec les membres de la direction ou des proches de la direction, partenaires et clients de l'entreprise, rapports, Internet...

Les problèmes seront multiples. À vous ensuite de filtrer ceux qui sont jouables pour vous, ceux sur lesquels vous pouvez agir et faire vos preuves, ceux qui sont transformables en opportunités.

Sans oublier que, souvent, le problème (et donc l'opportunité) se trouve juste sous votre nez.

4.6.
Provoquer les opportunités de réalisation et les concrétiser

Une fois que vous avez identifié une opportunité, avant de vous lancer et de solliciter un quelconque feu vert, vous devez vous assurer de vos chances de réussir. Si vous vous lancez sans une solide réflexion au préalable, vous augmentez considérablement vos chances d'échouer. Et échouer portera atteinte à votre crédibilité, à votre réputation.

Votre réflexion, vous devez avant tout la garder pour vous-même. N'en parlez à personne. Tout se sait. Les informations fuitent et gardez toujours à l'esprit qu'une personne mal intentionnée pourrait avoir connaissance de vos projets, les saboter ou se les approprier. N'oubliez pas que vous êtes dans une jungle, dans un environnement compétitif où certains ont des principes, mais où d'autres n'ont aucun scrupule pour réussir.

Évaluez le problème et convertissez-le en cash. Estimez par exemple le temps perdu en moyenne par jour, par personne. Multipliez-le par le nombre de personnes impactées et le nombre de jours par an (n'oubliez pas de ne compter que les jours travaillés). Vous obtiendrez ainsi une estimation du nombre d'heures perdues par an lié au problème considéré. Pour fiabiliser votre approche et la crédibiliser aux yeux des décideurs, obtenez le temps perdu en moyenne par vos collègues chaque jour, de manière informelle, par exemple au travers d'une discussion le midi ou à la pause-café. Si vos collègues ont un salaire proche du vôtre, multipliez ce volume par votre coût horaire. Ce coût horaire est votre salaire brut horaire complété par ce que vous coûtez à l'entreprise en plus de votre salaire. Des estimations peuvent se trouver sur Internet ou auprès de votre responsable des ressources humaines. En multipliant le volume d'heures ainsi perdues par an par le coût horaire moyen, vous obtiendrez le coût du problème. Gardez soigneusement copie de vos calculs et de vos sources. Regardez ensuite combien de temps il vous faudra pour régler le problème et chiffrez-le en utilisant votre coût horaire. Si vous avez besoin de renfort pour constituer une petite équipe, alors intégrez leur temps dans vos calculs. Ajoutez les éventuelles dépenses matérielles et externes (essayez autant que possible de faire avec les ressources internes). Vous obtiendrez ainsi le coût-bénéfice de l'opportunité. Si le coût est très nettement inférieur au gain, alors c'est excellent pour vous.

Réfléchissez ensuite aux solutions possibles. Sont-elles réalisables ? Parmi elles, quelle est la plus simple et la plus rapide à mettre en œuvre ? Comment la mettre en œuvre ? De quelles ressources aurez-vous besoin ? Combien de temps vous faut-il ? Quels sont les risques, les oppositions éventuelles et comment les surmonter ? Si le plan rate, que perdra l'entreprise ?

Une fois que vous vous sentez à l'aise avec votre idée, son plan et son potentiel de gain économique, il est temps d'obtenir un feu vert pour la réaliser et légitimer votre supervision du projet. Vous ne serez probablement jamais sûr à 100 % de réussir. Mais si, une fois vos réflexions menées, vous estimez à au moins 80 % vos chances de réussir et que votre intuition supporte votre analyse, alors allez-y. Vous aurez de grandes chances effectivement que ça marche.

Ne commencez surtout pas par aller voir votre N+1 pour évoquer votre projet. D'une part, il risque de vous piquer l'idée. Il peut également vous laisser mener le projet, laisser les risques et les efforts à votre charge, puis s'approprier les lauriers sous des prétextes aussi divers que fallacieux comme la récupération de l'idée, vous avoir encouragé, vous avoir « piloté » ou « supervisé » sur ce projet... Il peut également gonfler son bilan sans que vous le sachiez et obtenir un bonus ou une promotion à votre détriment. Sauf si votre N+1 est membre de la direction générale, n'allez pas le voir en premier.

Évoquez en premier lieu le problème (chiffré) avec votre N+2 voire (si possible) votre N+3. Demandez-lui, par exemple dans l'ascenseur ou autour de la machine à café, s'il est intéressé par des économies de fonctionnement. Sauf individu anormal, il vous répondra par l'affirmative. Dites alors que vous avez identifié un surcoût d'environ X dollars (votre estimation du problème) et pensez avoir des idées pour réduire ce coût. Demandez à nouveau si cela l'intéresse. Il répondra à nouveau par oui très certainement. Dans ce cas, proposez-lui de coucher votre projet sur le papier et de lui présenter dans quelques semaines après en avoir discuté avec votre N+1. S'il s'agit de votre N+3, posez les mêmes questions, de la même façon qu'à votre N+2. De la sorte, les supérieurs de votre N+1 seront au courant qu'il s'agit de votre idée, de votre projet, et pas celui de votre N+1. Vous sécurisez ainsi la paternité de votre idée.

Travaillez ensuite sur votre projet de manière discrète et résumez sur des diapositives PowerPoint ou Keynote votre projet en suivant le schéma : problème actuel chiffré, proposition d'actions et coûts, économies envisagées et calendrier des actions. Muni de vos diapositives, approchez votre N+1 et présentez-lui le projet. Vous verrez sa réaction.

S'il adhère à votre idée et consent à vous donner son feu vert, remerciez-le et confortez-le dans sa décision en expliquant que vous donnerez le meilleur de vous-même pour réussir ce projet. Mentionnez également que votre N+2, voire votre N+3 était intéressé par l'idée (non le projet) et que vous deviez discuter du projet (et non de l'idée) avec votre N+1, non seulement pour avoir son sentiment sur le projet, mais aussi bénéficier de son expérience et de son regard expert (même si votre N+1 ne possède ni l'un ni l'autre). Organisez ensuite une réunion avec votre N+1, votre N+2 et éventuellement votre N+3. Si le projet est bon, il sera quasiment certainement validé et vous pourrez ensuite évoluer sous la protection de votre hiérarchie. S'ils ont des doutes, ce qui est légitime, mais s'il n'y a rien à perdre sinon un peu de votre temps, comment pourraient-ils vous dire non ?

N'oubliez pas que votre N+2 a de grandes chances de se sentir menacé par votre N+1. Et que votre N+3 a des chances de se sentir menacé par votre N+2. Vous N+2 appréciera de savoir qu'il peut compter sur vous pour contrecarrer d'éventuels dangers venant de votre N+1. Les managers ont en effet souvent le goût de la promotion, du pouvoir et caresser l'espoir d'occuper un jour le siège de leur patron en motive souvent plus d'un à poser quelques savonnettes et autres peaux de bananes sur le sol afin de faciliter et accélérer les choses.

Non seulement vous sécurisez la paternité de votre projet, mais vous en sécurisez aussi les lauriers en cas de succès. Vous vous faites également remarquer par votre hiérarchie qui souvent manque de personnes entreprenantes, soucieuses de créer de la valeur comme vous, qui peuvent les aider dans leurs objectifs de performance annuels.

J'allais oublier : et si votre N+1 dit non ? À vous de voir quelle option est la meilleure. Dans ce cas, si mon N+1 est quelqu'un que j'estime et avec qui j'ai de bonnes relations, je lui fais part de l'intérêt de mon N+2. Si je suis en conflit avec mon N+1, je vais voir mon N+2 et lui fais part du refus de mon N+1 et de ma déception. À chacun, selon son contexte, son feeling, de choisir comment gérer ce refus. Évitez cependant de jeter trop vite l'éponge face au refus de votre N+1 et cherchez à connaître ses motivations. Dialoguez et creusez pour comprendre ce qui motive son refus. Dans certains cas, les objections peuvent être surmontées en reprenant votre copie et en apportant des solutions à ce qui était en réalité des craintes justifiées. À vous de trouver des solutions astucieuses. Dans d'autres cas, ce sont des raisons infondées soit par paresse tout simplement, soit par peur de voir un subordonné briller à sa place, soit pour éviter de se faire remarquer... Bref, des raisons qui vous confirment la nécessité dans ce cas de vous rapprocher de votre N+2 pour voir s'il partage les objections de votre N+1.

Dans certains cas, vous pouvez obtenir rapidement un accord pour mener votre projet. C'est le cas par exemple des réunions où votre N+2 voire d'autres managers de son niveau ou au-dessus participent. Si un des points de l'agenda ou des discussions concerne les difficultés à faire des économies, prenez à la fin de la discussion la parole. Évoquez le problème que vous avez identifié et son coût annuel pour l'entreprise. Précisez que même si cela ne sera pas décisif pour les résultats annuels, ce sera une contribution malgré tout. Demandez au président de séance si cela l'intéresse dans un premier temps puis proposez-lui d'étudier la question et, si une solution simple, peu coûteuse existe, de lui présenter dans les semaines à venir. Vous aurez de grandes chances d'obtenir un feu vert et donc l'autorité pour démarrer votre projet, au moins sa phase d'étude dans un premier temps.

Pour certains, notamment les exécutants non-cadres, peu visibles de la hiérarchie, ce genre d'approche peut s'avérer plus difficile. Une solution peut être alors de passer par un responsable des ressources humaines pour à la fois évoquer votre souhait d'évoluer vers davantage de responsabilités, mais aussi rapidement évoquer (sans entrer dans les détails) certains coûts ou gaspillages que l'entreprise pourrait éviter, qui coûtent cher chaque année (vous pouvez avancer quelques estimations) et que vous pourriez réduire si vous en aviez l'opportunité. Si vous avez davantage d'audace, pourquoi ne pas aller frapper à la porte du directeur du site et lui exposer en 5 minutes vos idées et votre souhait d'évolution ?

4.7.
Réaliser un projet

Une fois que vous avez obtenu le feu vert pour votre projet, il est temps de passer à l'action en 4 phases : la préparation et l'organisation du projet, le diagnostic chiffré, le plan d'action et le suivi.

La préparation et l'organisation du projet

Tout d'abord, si vous ne pouvez gérer seul le projet, constituez votre équipe. Réduisez-la au minimum. Premièrement pour que la situation soit gérable : 4 personnes à gérer est plus aisé que 30. Ensuite, vous réduisez les chances de subir des coups bas ou dans le dos avec un nombre réduit de personnes. Vous réduirez aussi le coût pour l'entreprise ce qui ne peut que vous être favorable. Enfin, la récompense, en cas de succès, sera à partager entre un nombre limité de personnes autorisant ainsi des parts individuelles plus conséquentes.

Essayez de créer votre équipe avec des personnes que vous connaissez ou qui bénéficient d'une bonne réputation tant techniquement qu'humainement. Vous devez pouvoir vous reposer sur des équipiers compétents et intègres. Présentez-leur le problème, son coût pour l'entreprise, votre projet, la solution envisagée, les bénéfices espérés sans oublier de mentionner le feu vert donné par la hiérarchie. Bref, vendez-leur le projet et l'opportunité d'apporter de la valeur à l'entreprise tout en se faisant remarquer par la direction.

Une fois cette étape achevée, déterminez le calendrier du projet et les tâches de chacun. Regardez soigneusement chaque tâche avec les experts de votre équipe. Pour chaque tâche, quel résultat attendez-vous ? Sous quelle forme ? Sous quel délai ? Vérifiez si c'est possible, comment l'expert mobilisé souhaite procéder. S'il a des doutes, que propose-t-il comme solution ? Si un autre membre de l'équipe doit travailler avec cet expert ou avec les résultats qu'il est amené à produire, assurez-vous qu'ils communiquent ensemble, se mettent d'accord sur les livrables et attentes de chacun, et qu'aucun n'ait finalement de mauvaise surprise susceptible de retarder ou de compromettre le projet. Assurez-vous aussi qu'aucun membre de l'équipe n'ait une visibilité totale sur le projet au risque de vous faire doubler...

Si certaines tâches s'avèrent plus longues ou complexes que prévu, rajoutez du temps dans votre calendrier. Ajoutez également toujours une marge pour les imprévus. Personnellement, pour un projet sur un an, je rajoute en général entre 2 et 3 mois de marge : cela laisse du temps pour gérer les imprévus sereinement et éviter de donner une image de personne peu fiable sur les délais à la direction.

Une fois les tâches bien définies entre les équipiers-experts, leur coordination et les délais établis, chacun peut se lancer dans sa mission. Prévoyez des points d'étapes avec chacun pour vérifier l'avancement des tâches et leur conformité avec vos attentes. N'attendez surtout pas la fin d'une tâche pour faire le point : vous risquez d'avoir de mauvaises surprises et des retards majeurs si la tâche réalisée ne s'avère finalement pas conforme à vos attentes et doit être intégralement reprise. Vous risquez dans la foulée que l'équipier en charge de cette tâche jette l'éponge et abandonne le projet, ce qui est une option non envisageable.

Si vos projets concernent des points de vente, des sites de production... surtout, ne restez pas dans votre bureau et allez sur place. Discutez avec tous les acteurs impliqués, du directeur au manutentionnaire. La solution est souvent en bas de l'échelle, là où les personnes ne gèrent pas de tableaux Excel, mais des clients, des produits. Mentionnez cette approche lors de la présentation des résultats à votre direction : vous montrerez que vous êtes une personne de terrain, qui apporte des solutions concrètes et vous marquerez un maximum de points.

Le diagnostic chiffré

Nous développerons un peu plus loin cet aspect.

Cette étape du projet est fondamentale : elle justifie économiquement votre projet et le plan d'action qui en ressortira. C'est également souvent lors de cette étape que certains chercheront à vous mettre des bâtons dans les roues en questionnant ou en mettant en doute vos chiffres. Car n'oubliez pas une chose : en mettant en avant des problèmes, vous mettrez également en avant ceux qui en sont à l'origine ou ceux qui n'ont rien fait pour les résoudre. Albert Einstein disait justement qu'il ne faut jamais compter sur ceux qui ont créé des problèmes pour les résoudre...

Utilisez les données de l'entreprise en priorité (données comptables, données de production, données de ventes, données qualité, données hygiène et sécurité, données ressources humaines...). Vous légitimez vos sources et limitez la remise en question. Si vous utilisez les données du département production, quelqu'un qui remet en question vos chiffres risque également de remettre en question la direction de la production, ce qui peut s'avérer un mauvais calcul politique. Si votre diagnostic compile des données comptables, marketing, production et ventes, ceux qui attaqueront vos chiffres prennent le risque de se mettre à dos une bonne partie de l'entreprise, ce qu'ils n'entreprendront probablement pas. Par ailleurs, la direction appréciera ce travail d'équipe et jugera probablement vos chiffres solides puisqu'ils ressortent de plusieurs départements de l'entreprise.

Vérifiez soigneusement les chiffres. Comment sont-ils établis ? Que prennent-ils en compte ? Imaginez que vous constatiez une baisse significative des ventes chez un franchisé d'une région à partir des seules données de vente et d'études marketing montrant une baisse accrue du pouvoir d'achat dans la région. Vous pourrez par exemple en conclure que les prix sont trop élevés et qu'il convient de les baisser. Mais peut-être que tout simplement certains points de vente ont été fermés 2 mois pour rénovation des locaux... Dans ce cas, imaginez-vous présenter votre constat à la direction : les ventes sont en recul à cause d'une baisse accrue de pouvoir d'achat dans la région. Et soudainement, quelqu'un précise que c'est normal puisque les points de vente de la région ont fait l'objet d'un programme de rénovation... En moins d'une minute d'humiliation publique, votre réputation sera mise au tapis pour longtemps.

Il est impératif donc de comprendre comment les chiffres que vous utilisez sont élaborés, du début jusqu'à la fin. Il faut aussi les croiser avec d'autres chiffres pour conforter et fiabiliser votre diagnostic. Il faut également revoir avec les experts de votre équipe votre diagnostic et s'assurer qu'il le partage. Sinon, cherchez à comprendre ce qui ne va pas et revoyez votre copie. N'hésitez pas non plus à consulter différents experts qui pourront vous donner un avis et dont la consultation légitimera d'autant plus votre diagnostic.

Maîtriser vos chiffres est fondamental. Il vous faut en plus vous assurer que vos chiffres et votre diagnostic font l'objet d'un consensus en interne avant toute présentation à la direction.

Le plan d'action

Le plan d'action doit être simple, clair, efficace et surtout il doit être une source incontestable de valeur ajoutée. Tout comme le diagnostic chiffré, il doit faire l'objet d'un consensus en interne.

Simple et clair : chacun doit pouvoir, sans être expert, comprendre chacune des actions proposées et l'intérêt de les mettre en œuvre. Pour chaque action, en quoi consiste-t-elle ? Qui doit la mettre en œuvre ? Quand, comment, avec quoi ?

Efficace : ne cherchez pas à éliminer 100 % du problème mis en évidence par votre diagnostic chiffré. Adoptez plutôt la règle du 80-20 comme principe de base. Si 4 ou 5 actions permettent de réduire 70 % ou 80 % du problème, cela peut suffire. J'ai pu observer que la plupart du temps, quelques actions seulement suffisent à réduire sensiblement un problème. Les actions supplémentaires, visant à réduire 100 % du problème, tendent à demander plus d'efforts pour des gains marginalement faibles. Soyez efficace et surtout évitez le perfectionnisme qui n'est qu'un idéal coûteux.

Une source indéniable de valeur ajoutée : une action nécessite du temps et des ressources pour être mise en place. Autrement, chaque action entreprise va coûter de l'argent. Estimez le coût de chaque action et mettez ce coût en regard des bénéfices attendus. Si une action nécessite 3 jours de travail de 2 ingénieurs et 100 000 dollars d'investissement pour économiser 300 000 dollars par an sur 5 ans, l'action en vaut définitivement la peine et mérite d'être engagée. Si à l'opposé ces efforts à engager ne font plus économiser que 80 000 dollars par an, l'action est toujours rentable a priori mais devient moins séduisante pour un dirigeant qui a besoin de résultats rapides. Le fait de perdre de l'argent la première année, même si c'est pour en gagner les années suivantes risque de ne pas susciter d'engouement particulier : un présent sûr est quasiment toujours privilégié par rapport à un futur incertain. En ce qui me concerne, je m'arrange toujours pour avoir des actions qui génèrent au minimum 100 % de rentabilité, c'est-à-dire qui rapporte au minimum le double de leur coût, et ce dès leur mise en œuvre. J'exclus systématiquement les actions présentant moins de 20 % de rentabilité. Si j'ai des actions qui coûtent plus qu'elles ne rapportent la première année, mais qui offrent des perspectives intéressantes dès la deuxième année, je les ajoute en complément d'actions à rentabilité forte et immédiate. Les lecteurs qui ont des chiens connaissent cette technique lorsque leur chien refuse de prendre la pilule prescrite par le vétérinaire : il suffit de la dissimuler dans une boulette de viande et le tour est joué. Ici, avec les actions, c'est la même chose. Donc de la rentabilité au maximum et le plus tôt possible.

Certains vont dire qu'il n'est pas possible de prédire la rentabilité de telles actions. Ils ont entièrement raison et c'est pour cela que l'on parle uniquement d'estimations. C'est également pour cela que l'on vise des niveaux élevés de rentabilité pour se prémunir des aléas. Si une action avec 80 % de rentabilité estimée se trouve compromise par des aléas non pris en compte, pour des raisons diverses, et que la rentabilité tombe finalement à 15 %, l'action reste malgré tout rentable. Et les placements qui offrent 15 % de rentabilité ne sont actuellement pas légion.

Le suivi

Le suivi est souvent oublié et pourtant c'est une étape cruciale. D'une part, il permet de s'assurer de la bonne mise en place des actions. Ensuite, il permet d'en mesurer les effets et la valeur ajoutée. Enfin, le suivi des résultats permet de tenir à jour vos performances annuelles et cumulées qui, chaque année, chiffreront votre contribution à l'entreprise en contrepartie de votre rémunération.

Votre projet, c'est un actif, c'est-à-dire une source de valeur ajoutée qui va « financer » votre survie dans l'entreprise, mais aussi supporter votre réussite. Si votre projet génère 100 000 dollars par an d'économies pendant 3 ans, c'est 100 000 dollars de gains que vous pourrez mettre dans vos réalisations annuelles pendant 3 ans. Si vous coûtez 80 000 dollars par an à votre entreprise, compte tenu de frais annexes, vous êtes à peu près « neutre » pour l'entreprise. Si vous coûtez 50 000 dollars par an à l'entreprise, vous êtes clairement rentable. Si vous coûtez 160 000 dollars à l'entreprise chaque année, vous n'en coûterez plus que 60 000 dollars pendant 3 ans.

Maintenant, si vous avez 3 projets en cours générant 230 000 dollars par an, dans tous les cas vous êtes rentable. Si vous êtes rémunéré 50 000 dollars par an, il est temps de discuter évolution et bonus, mais sans être trop gourmand : vous devez rester un bon, voire un excellent investissement pour l'entreprise. Personnellement, je m'assure de rapporter au minimum 10 fois ma rémunération brute annuelle à l'entreprise.

Par conséquent, cet actif vous devez le surveiller comme le lait sur le feu. D'abord en vous assurant que les actions sont bien mises en place. Ensuite, vérifiez avec les personnes les ayant mises en place à vos côtés combien d'argent (ou de temps) ces actions font effectivement économiser à l'entreprise. Ajoutez ces résultats chaque année au compteur de vos réalisations.

Assurez-vous que rien ne vienne entraver la mise en place des actions et leur bon fonctionnement. Dès qu'un problème se présente, il vous incombe de trouver une solution avec les experts concernés et surtout de ne pas baisser les bras. Chaque action que vous laissez tomber, c'est moins de résultats à votre actif et donc moins de chance de survie ou de réussite.

Enfin, certaines actions peuvent ne pas fonctionner comme prévu. Certaines peuvent s'avérer être de fausses bonnes idées. D'autres peuvent s'avérer finalement impraticables. Si rien ne peut être fait pour corriger la situation et transformer l'action infructueuse en succès, laissez-la tomber. N'ayez pas peur d'admettre l'échec et tirez-en les leçons. Si 1 ou 2 actions sur un total de 8 échouent, tout en maintenant une forte rentabilité de votre plan d'action, votre plan d'action restera un succès. Vous visiez 120 000 dollars d'économies, mais n'en faites finalement que 105 000 dollars ? Certes, vous rapportez moins que prévu mais n'oubliez pas l'essentiel : vous rapportez.

4.8.
Mesurer, chiffrer, tracer, documenter, démontrer la création de valeur espérée et finalement réalisée

La fiabilité de votre travail et vos résultats doivent être indiscutables. Cela veut dire que votre méthode et vos chiffres ne doivent surtout pas pouvoir être utilisés contre vous par une personne mal intentionnée. Vous avez 2 armes pour y parvenir : la rigueur et la transparence.

Pour la rigueur, vous devez comprendre clairement le problème et les chiffres que vous utilisez, quelle qu'en soit la source. N'utilisez rien que vous ne comprenez pas même si cela va vous demander pas mal de travail en plus. Discutez avec des experts du sujet, allez sur Internet, lisez des livres et des revues professionnelles... Bref, apprenez si nécessaire pour maîtriser votre sujet. Croisez les avis et faites-vous votre propre opinion. Faites attention aux faux experts, à ceux dont l'ancienneté n'est pas synonyme de succès, mais seulement de temps passé dans l'entreprise. Faites attention à vos émotions et aux propos que vous entendez : basez-vous autant que possible sur les faits et les chiffres pour être le plus objectif possible. Une bonne démonstration doit être plus convaincante que le meilleur des discours. Un moyen simple : vous devez vous convaincre vous-même de votre approche avant même d'aller essayer de convaincre les autres.

La traçabilité de vos chiffres doit également être impeccable. Vous devez être capable de produire la source de vos chiffres, de tous vos chiffres. Vous devez être capable d'expliquer vos hypothèses et vos calculs. Pour cela, utilisez des données reconnues : données de l'entreprise (comptables, ventes, production, marketing, ressources humaines...), données officielles (statistiques officielles, fiscales...), etc. Pour vos calculs sous Excel, mettez bien en évidence au travers des formules utilisées le cheminement démarrant des données sources (soigneusement documentées) et finissant avec vos données finales. Cela vous permettra d'expliquer chaque étape de votre raisonnement, même 1 ou 2 ans après si nécessaire.

L'interprétation des chiffres est fondamentale. Pourtant c'est souvent une source d'imprécisions voire d'erreurs parfois très coûteuses. Par exemple, en regardant des graphiques boursiers sur des durées courtes, on peut voir des titres exploser à la hausse avec +30 %. Sauf qu'en étendant un peu le graphique, le même titre avait perdu 30 % sur un an et 45 % sur 3 ans... Perdre 30 % sur un an puis reprendre 30 % ne fait pas revenir au niveau initial, chacun le sait. D'où l'importance de prendre du recul pour l'analyse et de regarder le phénomène étudié sur une durée assez longue.

Ceci va mettre en évidence plusieurs éléments clés pour l'analyse. En premier la tendance : baissière, stagnante ou haussière ? Ensuite, y a-t-il des cycles et de la périodicité ? Enfin, quels sont les accidents à l'origine de hausses ou de baisses significatives et soudaines ? Tout doit pouvoir s'expliquer simplement. Pourquoi un marché augmente ou baisse depuis 10 ans ? Pourquoi tous les 8 ans observe-t-on un ralentissement suivi d'une reprise ? Pourquoi en 2017 les ventes ont-elles brutalement chuté de 26 % ? Les chiffres doivent avoir une base explicative solide et de bon sens. Veillez donc à la solidité de votre analyse avant de considérer un plan d'action quelconque.

Si vous cherchez à réduire par exemple le taux d'absentéisme d'un site de votre entreprise, vous aurez probablement des pics périodiques corrélés avec les épidémies de grippe saisonnière ou les mercredis après-midi. Vous pouvez avoir un accident fort par exemple dans le cadre du confinement lié au COVID-19. Dans le premier cas, des actions sont possibles (vaccinations offertes, mesures d'hygiène renforcées, alimentation renforcée en vitamines au réfectoire pour la grippe, temps de travail aménagé ou prime d'assiduité pour limiter l'absence les mercredis après-midi). Dans le second, il vous faudra développer très rapidement des trésors d'ingéniosité pour faire face à l'urgence, limiter les pertes ou exploiter la situation. Dans tous les cas, vous devrez isoler les différents phénomènes : COVID-19, grippe saisonnière, absentéisme pour motif familial... Sinon, vous prenez le risque que votre analyse soit mise à mal par quelqu'un qui comprend les chiffres et les remette publiquement en question.

Si l'absentéisme du mercredi représente environ 3 % des effectifs, vous pouvez chiffrer le temps de travail perdu sur la base du salaire ou du manque de production associé. Si le temps de travail aménagé réduit ce taux à 0,8 %, vous pourrez calculer aisément le gain de votre action chaque année et le rajouter à votre compteur de performance. Et évidemment, vous ne pouvez pas baser votre chiffrage sur les mercredis de confinement lié au COVID-19 ou l'absentéisme peut frôler les 100 % ...

4.9.
Valoriser les participants
et démontrer votre leadership

Une fois le projet achevé, mis en place, n'oubliez surtout pas une chose essentielle : être reconnaissant envers vos équipiers et tous ceux qui vous ont aidé.

Organisez idéalement une réunion de synthèse pour le management au cours de laquelle vous montrerez les résultats obtenus par votre équipe. Prévoyez à la fin une slide mentionnant les noms et départements des participants.

Adressez aux participants un mail de remerciement en rappelant ce à quoi ils ont contribué via ce projet. Mettez en copie leur hiérarchie, au moins leurs N+1 et N+2, que vous remercierez au passage pour leur support (même s'ils ne vous ont jamais supporté).

Allez voir les managers des départements concernés pour les remercier de leur support pour ce projet (encore une fois, même s'ils ne vous ont jamais supporté) et vous avoir permis d'utiliser les compétences de X. Ne soyez pas avare en éloges sur X et rappelez à quel point l'avoir eu à vos côtés a été essentiel à la réussite du projet. Arrangez-vous pour que ces séances de remerciements ne durent pas plus de quelques minutes.

Vous pouvez aussi demander un rapide entretien avec le directeur des ressources humaines. Présentez d'abord le projet en quelques minutes et les résultats obtenus. Présentez-lui ensuite l'équipe qui vous a accompagné sur ce projet. Il sera heureux de pouvoir repérer des salariés méritants, avec du potentiel, et vous aurez marqué des points dans la foulée en montrant non seulement votre capacité à mener à bien des projets utiles, mais aussi vos talents de leader.

En prenant le temps de faire ce travail de valorisation des participants à votre projet, vous gagnez énormément.

Vous gagnez en estime de vous-même. Vous avez réalisé quelque chose pour l'entreprise et avez contribué ainsi à sa pérennité. Vous l'avez réalisé avec vos équipiers. Vous ne vous appropriez pas leur travail, mais leur apportez de la gratitude, de la reconnaissance et de la visibilité. Vous augmentez vos chances de survie et de réussite, mais aussi les leurs.

Vous gagnez en visibilité. Le management vous repère, sait ce que vous avez fait et comment. Le directeur des ressources humaines, vos équipiers, leurs managers également. Sans compter le bouche-à-oreille qui suivra et par lequel un certain nombre de vos équipiers feront votre promotion.

Vous gagnez en support. Vos équipiers vous ont fait confiance et ne l'ont pas regretté. À coup sûr, vous pourrez compter à nouveau sur eux pour votre prochain projet. Chaque projet mené avec succès augmente votre crédibilité auprès du management. Vous aurez de plus en plus de supporters ce qui, au passage, réduira d'autant vos adversaires. Ces derniers devront dorénavant réfléchir à 2 voire à 3 fois avant de s'attaquer à vous. Il est en effet risqué de s'attaquer à quelqu'un de crédible sans prendre le risque de se décrédibiliser soi-même.

Vous gagnez en sérénité. Votre N+1 perdra peu à peu son emprise sur vous. Vos résultats seront connus de tous. Il lui sera difficile de filtrer l'information ou de s'approprier les lauriers de votre travail. Il ne pourra que vous supporter.

Les remerciements sont une formidable opération de communication à ne surtout pas rater, d'autant plus qu'elle ne fait que des gagnants dont le premier est... vous-même.

4.10.
Multipliez les missions,
listez vos succès chiffrés,
valorisez-les en entretiens annuels,
auprès de votre hiérarchie,
de votre DRH et d'autres entreprises

Un succès n'est pas suffisant pour faire de vous une star. Il va vous en falloir plus et surtout régulièrement.

2 ou 3 projets par an est un bon nombre. J'entends 2 ou 3 projets qui délivrent des résultats par an. Vous pouvez suivre 5 projets sur une année dont 2 par exemple délivreront leurs résultats cette année, 2 autres l'année suivante et le 5ème dans 2 ans. Si vous menez trop de projets simultanément, vous risquez de vous disperser et augmentez ainsi vos chances d'échouer. Pour beaucoup, les projets sont menés en parallèle de tâches quotidiennes : ils viennent en plus. Il est donc essentiel que vos projets aient toutes leurs chances de succès et que vos efforts pour les mener à bien ne se fassent pas au détriment de votre travail quotidien. Mieux vaut une poignée de bons projets, réalisables et à valeur ajoutée, qu'une multitude de projets à l'issue incertaine. Ciblez bien vos efforts.

Chaque année, assurez-vous que votre travail habituel, c'est-à-dire le travail pour lequel vous avez été initialement embauché, est fait correctement et que vous atteigniez votre objectif. Soyez en mesure de le démontrer au cas où quelqu'un viendrait à en douter. Gardez soigneusement vos évaluations annuelles et la documentation associée.

En parallèle, listez les projets menés et la valeur créée. Précisez l'année, la description du projet et indiquez la valeur générée en dollars. Chaque année, cette valeur créée, en plus de votre travail habituel, va vous valoriser. Vous ne parlerez plus de dur travail réalisé avec votre hiérarchie et les ressources humaines, mais de cash généré. Vous devenez un joueur sérieux. Vous vous transformez, vous êtes de moins en moins un coût jusqu'au jour où vous rapporterez au moins autant que vous coûtez : vous devenez alors un investissement de plus en plus intéressant pour l'entreprise.

Si vous devez changer d'entreprise, par exemple pour un poste plus intéressant, mieux rémunéré, cette liste de réalisations chiffrées vous sera très utile et vous aidera à vous démarquer de la masse de candidats concurrents. Non seulement vous pourrez montrer que vous êtes compétent sur un plan technique, mais aussi que vous pouvez apporter plus de valeur en améliorant, en optimisant ce qui peut l'être. Vous ne demanderez pas un emploi, mais proposerez une opportunité d'investissement à une société.

Quel investissement ? Mais vous évidemment !

5.
Gardez un maximum
de longueurs d'avance

5.1.
L'immobilisme : le pire risque

Vous n'avez ni envie de survivre ni de réussir en entreprise ? Ne faites rien, restez immobile et attendez.

Nous avons déjà évoqué les risques qui s'accumulent au fil du temps et jouent contre vous : la concurrence des nouvelles générations, la concurrence étrangère, les changements de techniques, de technologie ou de mode, les crises économiques, les fusions et les acquisitions... sans compter le risque de tomber sur un supérieur qui veut votre peau.

Face à ces risques, vous devez agir. Agir en développant votre état d'esprit. Agir en développant votre capital humain, c'est-à-dire en apprenant et en développant vos compétences. Tel un épargnant qui chaque mois met une somme de côté, apprenez chaque mois un peu plus pour augmenter votre capital de connaissances, vos capacités et votre performance. Investissez en vous-même. Agir en créant de la valeur pour l'entreprise, c'est-à-dire en créant de nouvelles sources de revenus ou d'économies pour l'entreprise au travers de projets que vous gérez en parallèle de votre travail quotidien. Mais aussi agir pour vous assurer que vos efforts portent leurs fruits.

Vous êtes un professionnel de votre domaine, travaillant pour un salaire. Vous n'êtes pas un bénévole. Il est normal que vous deveniez intéressé financièrement aux revenus et aux économies obtenus au travers des projets que vous avez menés à bien, ceci d'autant plus que vous vous transformez en investissement pour l'entreprise. Ne soyez ni trop impatient ni trop gourmand. N'oubliez pas que vous devez rapporter (beaucoup) plus que vous ne coûtez, et ce de manière régulière.

Imaginons, à titre d'exemple, que votre salaire est de 60 000 dollars par an. Votre premier projet permet à l'entreprise d'économiser par an 30 000 dollars. L'année suivante, un second projet permet d'économiser 10 000 dollars par an supplémentaire. La troisième année, un troisième projet permet d'économiser d'un coup 80 000 dollars. La troisième année, vous avez cumulé 190'000 dollars pour un coût de 180 000 dollars. Vous n'êtes toujours pas un investissement pour l'entreprise, mais tendez à être neutre financièrement : vous rapportez presque autant que vous coûtez. Par ailleurs, vos projets ont été menés en plus de votre mission initiale : ce sont des initiatives que vous avez menées avec succès. Il n'est pas déraisonnable d'envisager une augmentation annuelle nette d'au moins 5 % des économies annuelles ainsi générées et des responsabilités plus étendues... Ainsi, si vous avez créé 190 000 dollars cumulés sur 3 ans, soit en moyenne 63 000 dollars par an, il est relativement aisé de justifier une augmentation de 3 000 dollars par an.

Il se peut que l'entreprise n'accède pas à une telle requête. Vos efforts sur 3 ans sont donc vains ? Bien sûr que non. Dans ce cas, vous pouvez toujours agir. Vous pouvez prendre rendez-vous avec le directeur des ressources humaines ou votre N+2 pour leur expliquer, chiffres à l'appui, que votre demande d'augmentation et/ou de responsabilités élargies est plus que raisonnable. Si vos démarches n'aboutissent à aucun résultat, ce n'est pas grave et votre déception ne doit pas vous arrêter. Peut-être qu'il est juste temps de changer d'entreprise. Vous pouvez postuler à des postes similaires auprès d'autres entreprises, armé de votre bilan chiffré qui fera la différence avec la majorité des autres candidats voire vous permettra, en toute légitimité, de postuler à des postes un cran au-dessus du vôtre et ainsi d'évoluer. Ne restez pas immobile dans une entreprise qui ne récompense pas vos efforts sur la durée. Soyez dans une logique donnant-donnant.

D'excellentes opportunités peuvent exister près de chez vous, mais aussi loin de chez vous. Si vous êtes dans une grande ville, peut-être que des postes en province avec plus de responsabilités, un cadre de vie agréable, un salaire plus bas mais avec un pouvoir d'achat plus élevé, sont à votre portée. De tels postes peuvent vous offrir un excellent tremplin professionnel, que vous décidiez de rester en province ou non.

Si vous avez des compétences éprouvées, pourquoi ne pas tenter votre chance à l'étranger ? Vous pourrez développer vos compétences, parfois acquérir une nouvelle langue, une nouvelle culture, de nouveaux savoir-faire tout en bénéficiant de conditions de vie et d'une rémunération confortables. Notre planète n'est pas si grande et beaucoup d'entreprises, même de taille moyenne, cherchent à se développer à l'étranger. Elles ont besoin de collaborateurs prêts à les accompagner dans cette aventure. Que vous soyez ingénieur, technicien ou ouvrier qualifié, chef cuisinier, artisan d'art, économiste, avocat... partir à l'étranger peut être un excellent choix, surtout si vous l'êtes dans le cadre d'un contrat d'expatrié. Certains pays vous offriront des conditions exceptionnelles pour bénéficier de vos compétences qui dans votre pays sont courantes, mais rares ailleurs : ce qui est inaccessible aujourd'hui peut devenir accessible, à condition d'être mobile...

5.2.
Cumulez les missions
créatrices de valeur
et devenez un expert

Un projet mené avec succès, sauf exception, vous amènera rarement vers la stabilité ou la réussite. Il vous faudra accumuler les succès et ceci sur la durée. Vous devrez être persévérant et endurant.

À moins que votre job ne consiste à gérer à temps plein des projets, la plupart des lecteurs, tout comme moi, doivent gérer des affaires quotidiennes, souvent routinières. Cela implique de gérer les projets en plus du quotidien et c'est pour cela qu'il est impératif de libérer du temps pour les mener à bien. Personnellement, je ne gère que quelques projets par an, souvent 2 voire 3, afin de maximiser mes chances de les réussir.

Les affaires quotidiennes doivent être gérées sérieusement et avec professionnalisme. Si vous n'êtes pas bon dans votre activité quotidienne, gérer des projets en parallèle a peu de chance de vous réussir. Les projets sont un plus. L'entreprise à la base ne vous les demande pas. Les projets sont des initiatives que vous menez en plus. Vous aurez les plus grandes difficultés pour être crédible auprès de votre hiérarchie si vous n'êtes pas bon dans votre quotidien, ce qui ne fera que réduire vos opportunités de lancer et de gérer des projets internes.

Si votre travail quotidien est solide et que vous gérez en plus avec succès des projets, c'est le jackpot. Vous deviendrez un véritable expert, reconnu comme tel. Vous ne ferez pas partie de ces prétendus experts, autoproclamés comme tels, mais de ces véritables experts, reconnus par leur entourage, leur hiérarchie, leur profession. Vous maîtrisez votre quotidien, mais aussi êtes capable de l'optimiser, de l'améliorer, de le rendre plus performant et de délivrer une vraie valeur ajoutée. Vos résultats feront de vous un expert, pas vos mots ni vos promesses.

Et bien entendu, plus vous mènerez de projets avec succès, plus vous accumulerez de résultats et plus votre statut d'expert se renforcera. Si vous manquiez de confiance en vous, ces résultats vous aideront naturellement à gagner cette confiance. Si vous êtes touché par ce fameux syndrome de l'imposteur, vos résultats seront votre meilleure thérapie : ils sont une réalité face à des doutes qui ne sont finalement que le résultat de votre imagination.

Un (véritable) expert, avec un beau palmarès de réalisations vaut cher, parfois très cher sur le marché. Non parce qu'il demande un salaire élevé, mais parce qu'il est demandé.

5.3.
Suivez l'information

L'information, comme l'argent, est le nerf de la guerre. Vous devez être à l'écoute de ce qui se passe autour de vous.

Commencez par écouter et observer ce qui se passe dans votre entourage immédiat. Quels sont les problèmes du département, ses projets, ses défis ? La direction envisage-t-elle des recrutements ou des restructurations ? Gardez une oreille aux rumeurs également, sans oublier qu'il s'agit de rumeurs et que, par conséquent, elles peuvent être fausses ou vraies. Discutez avec les personnes le midi ou autour de la machine à café : vous apprendrez beaucoup de choses. N'hésitez pas non plus à aller prendre votre café à un autre étage pour discuter avec les personnes d'autres départements. À vous ensuite de croiser l'information sur ce qui peut vous concerner.

Jetez un œil aux rapports que vous pouvez lire, aux actualités sur Internet concernant votre secteur et votre entreprise. Lisez les communiqués des dirigeants de votre société. Renseignez-vous sur les profils des dirigeants nouvellement recrutés : s'agit-il de spécialistes du développement ou de la réduction de coûts ? Intéressez-vous à la presse professionnelle, parcourez le site web des sociétés concurrentes, leurs rapports annuels. Regardez leurs stratégies, leurs résultats annuels, les profils qu'elles recrutent actuellement. Comparez leurs stratégies à celle de votre société, faites-vous votre opinion.

En mettant en place ce type de dispositif simple de collecte d'informations, vous bénéficierez d'un atout majeur pour vous aider à détecter non seulement les opportunités, mais aussi les menaces.

Dans certains cas, si vos informations convergent vers une crise sans précédent de votre entreprise et que sa faillite approche, envisagez de quitter le navire avant qu'il ne coule. Le fait d'être sur un paquebot ne vous sécurisera pas davantage que d'être sur un chalutier en cas de naufrage imminent. Même si vous êtes bon, que vos projets rapportent (même beaucoup), les milliers voire les millions de dollars que vous pourrez rapporter ne suffiront pas à combler plusieurs milliards de pertes actuelles ou futures.

Dans tous les cas, générez de la valeur. Si votre entreprise a des perspectives de survie et ne fait que traverser une tempête, vous serez à bord parmi ceux qui contribuent activement à maintenir à flot le navire. Vous serez probablement remarqué pour vos efforts et vos contributions. Si les perspectives sont nulles et que vous sentez que la situation est sans espoir, vos efforts vous aideront à gagner du temps en survivant aux premières vagues de licenciements, mais aussi à disposer d'un profil compétitif et intéressant sur le marché. Dans tous les cas, soyez bon dans votre travail quotidien et impliqué dans la réussite des projets que vous menez.

Avoir une stratégie est fondamental. Effectuer consciencieusement son travail quotidien et mener à bien ses projets créateurs de valeur est un cap à toujours maintenir. L'information vous aidera à gérer les obstacles sur la route, à les anticiper, à les éviter ou à les affronter. Vos réalisations, concernant votre travail quotidien et vos projets menés en parallèle, vous donneront d'excellentes armes pour faire face aux situations difficiles et rebondir dans le pire des cas.

Vous êtes bon et reconnu dans votre travail ? Vous êtes un investissement rapportant plus qu'il ne coûte et pouvez le démontrer chiffres à l'appui ? Alors vous êtes bien armé, quelle que soit la situation qui se présentera à vous. Si en plus vous êtes suffisamment bien informé pour anticiper les situations, alors vous devenez une vraie machine de guerre.

5.4.
Développez vos points faibles

Un point faible peut vous mettre en danger ou vous empêcher de mener à bien vos projets. Il est donc impératif d'identifier ses faiblesses, en toute objectivité et honnêteté.

Il est en effet parfois difficile d'identifier ses points faibles. On peut ignorer tout simplement l'existence d'une faiblesse, ne pas en avoir une idée claire et encore moins être capable de la nommer. On peut aussi avoir peur de la réalité et ainsi minimiser ou ignorer une faiblesse. La pression sociale est souvent importante et, dans un monde prônant la performance, admettre certaines faiblesses, pourtant tout à fait naturelles, peut créer un sentiment d'anxiété profond qui aboutit à leur négation.

Si vous avez besoin d'aide, demandez à des personnes de confiance autour de vous ce qu'elles pensent que vous devriez améliorer. Bien entendu, vous devrez ne pas prendre ces avis pour argent comptant, mais au moins les écouter. À vous ensuite de faire le tri et de vous forger votre opinion.

Focalisez-vous sur les faiblesses qui peuvent vous gêner ou vous empêcher d'atteindre vos objectifs, puis hiérarchisez-les. Quelles sont celles qui sont critiques et celles qui sont mineures ?

En général, les faiblesses peuvent se regrouper en 2 grandes catégories : les faiblesses liées à la psychologie, à l'état d'esprit et les faiblesses techniques.

Les faiblesses techniques sont multiples : maîtrise insuffisante des logiciels, des langues, des techniques de vente ou de communication, des législations en vigueur... La seule option est de vous former et les moyens sont nombreux, souvent peu coûteux grâce à Internet et aux livres. Formez-vous sur les points qui sont importants pour votre survie et votre réussite, notamment sur ceux dont vous aurez régulièrement besoin à l'avenir. Si vous apprenez une langue, il vous faudra plusieurs années d'apprentissage rigoureux et intensif : aurez-vous toujours besoin de cette langue à l'issue de votre apprentissage ? Et si oui, pour combien de temps ? Apprendre une langue qui ne vous servira pas est une pure perte de temps, sauf si votre marotte est l'apprentissage des langues et l'exploration de cultures nouvelles.

Les faiblesses liées à l'état d'esprit, à la psychologie sont souvent les mêmes. En première position, la peur. La peur qui paralyse, qui empêche de sortir de sa zone de confort, d'oser, d'aller de l'avant, de prendre des initiatives. Les moyens de surpasser ces faiblesses sont multiples et, le plus souvent, elles disparaissent au fur et à mesure que se cumulent les succès. Le plus dur est d'amorcer le cercle vertueux. Livres ou formations (de ceux qui ont vraiment réussi quelque chose) sont des moyens intéressants. Les biographies de grands personnages ou d'entrepreneurs m'ont été très utiles également tout comme la philosophie stoïcienne. Si vous connaissez un bon psychologue ou coach, ce peut être une option à envisager, mais attention aux charlatans qui sont plus nombreux que les vrais professionnels.

Rappelez-vous également de mon expérience avec le super coach sportif qui m'a aidé à regagner confiance en moi. Le sport m'a aidé à régler des problèmes professionnels alors qu'a priori les 2 domaines ne sont pas liés.

Enfin, développer ses compétences et pallier ses points faibles demande du temps : c'est un investissement. Ciblez donc bien vos faiblesses, les moyens d'y remédier le plus rapidement possible et au moindre coût. Investissez votre temps et vos efforts dans ce qui vous rapportera. Laissez tomber le reste.

5.5.
Développez vos outils
pour gagner du temps,
automatiser les tâches de base,
se focaliser sur les dossiers à forte valeur

Le temps, c'est de l'argent. Et nous avons vu précédemment l'importance d'avoir du temps.

Si votre métier, comme de nombreux métiers, comporte un certain nombre de tâches répétitives ou simples, qui peuvent être automatisées par exemple avec Microsoft Excel, alors automatisez-les. Créez vos propres outils, vos routines... pour économiser un temps précieux que vous pourrez utiliser pour apprendre, gérer des projets à valeur ajoutée ou tout simplement vous détendre.

Si vous avez une équipe sous votre responsabilité, profitez-en pour leur déléguer les tâches routinières et/ou à faible valeur ajoutée. Concentrez-vous sur les tâches à forte valeur ajoutée, apprenez pour les réussir.

Plus vous travaillez sur des dossiers et des tâches complexes, à forte valeur ajoutée, plus vous limitez la concurrence, sécurisez votre job et augmentez votre valeur sur le marché.

5.6.
Débarrassez-vous peu à peu
de ce qui ne génère pas
de valeur ajoutée

Tout comme nous l'avons précédemment évoqué, ciblez uniquement ce qui génère de la valeur et essayez autant que possible de vous débarrasser des tâches peu valorisantes, sans ou à faible valeur ajoutée.

En plus de développer vos outils pour automatiser ce qui peut l'être, vous pouvez avoir la possibilité de déléguer. Automatiser des tâches sous Excel revient en quelque sorte à déléguer le travail à l'ordinateur, à un algorithme.

Si vous ne pouvez pas déléguer, transférez. Votre travail quotidien et votre projet d'optimisation des coûts vous demandent beaucoup de temps. Ne pourrait-on pas confier cette tâche (très routinière et basique) au petit nouveau du service ou à une assistante ? Il serait dommage que le projet d'optimisation des coûts en pâtisse...

Négociez votre charge de travail et limitez votre épuisement dans les heures supplémentaires. Un vrai professionnel est quelqu'un qui vend son expertise via un contrat. Quand vous allez au restaurant, le chef va vous préparer ce que vous avez commandé. Parfois, il vous offrira un café, un digestif ou un dessert, mais jamais il ne passera 2 heures de plus derrière son fourneau pour vous et gratuitement. Cela vous semble évident, pourtant combien de cadres font des heures supplémentaires chaque jour ? 2 heures supplémentaires par jour, c'est 10 heures par semaine, soit une grosse journée. Sur une année, cela représente près de 52 grosses journées travaillées gratuitement. C'est énorme.

Vous donnez cependant l'impression de travailler dur, d'être dévoué à votre société ? Arrêtez votre comédie façon La Case de l'Oncle Tom. D'abord, personne n'est dupe. Ensuite, vous verrez à quel point votre dévouement sera pris en compte lors du prochain plan social. Soyez un professionnel. Les avocats, les médecins, les fiscalistes, les consultants, les experts techniques... facturent au temps passé parce que ce sont des professionnels. En n'acceptant pas ce principe, vous admettez ne pas être bon et devoir compenser un manque de qualité par plus de quantité. En plus, vous passez pour une mule que l'on peut charger sans limite, pour pas cher.

Soyez professionnel. Estimez votre charge de travail compatible avec le temps de travail de votre contrat et reflétez cette charge dans vos objectifs annuels. Si une tâche supplémentaire doit vous être confiée, négociez-la. Quelle tâche non prioritaire votre management souhaite vous retirer pour que vous puissiez réaliser cette nouvelle tâche ? Aucune tâche ne peut être retirée ? Alors, effectuez-la moyennant une augmentation : donnant-donnant.

Provoquez les opportunités. Pourquoi ne pas proposer une légère réorganisation des tâches vous permettant de travailler davantage sur des projets susceptibles de rapporter de la valeur ajoutée ? Votre manager pourra y réfléchir et, s'il vous suit, confier un certain nombre de vos tâches peu intéressantes à d'autres collègues moins enclins à protester.

Un bon professionnel crée de la valeur ajoutée. Vous ne serez jamais un bon professionnel en accumulant des tâches qui ne créent pas ou peu de valeur ajoutée. Vous devez donc vous en débarrasser. Ces tâches peu intéressantes sont des boulets qui vous empêchent de décoller.

5.7.
Gardez de plus en plus de temps
pour vous

La mule qui s'épuise depuis des années à faire de grosses heures supplémentaires chaque jour, travaille le week-end parfois, est rarement performante. Ne comptez pas dessus pour faire une course et encore moins pour remporter un sprint.

Pour être bon, vous devez ménager vos efforts et votre fatigue. Chaque jour, vos premières heures de travail sont les plus productives. Plus les heures passent, plus vous produisez mais de moins en moins efficacement. Ceux qui ont étudié l'économie connaissent ce phénomène communément appelé la productivité marginale décroissante du travail.

Il n'y a pas par ailleurs une vie professionnelle et une vie privée. Il y a une vie tout court avec un temps pour le travail, un temps pour le repos et un temps pour les loisirs. Et cette vie, vous n'en avez qu'une. À vous donc de bien l'équilibrer entre ces 3 domaines. Une vie personnelle épanouie contribuera à vous rendre plus performant au travail. Un travail où vous réussissez sans vous épuiser inutilement vous aidera à profiter de votre vie personnelle plus intensément. Les gens épanouis réussissent mieux, parviennent à mieux convaincre les autres : ils dégagent une énergie positive et les suivre fait du bien.

Travailler dur pour rien n'a aucun sens. Travailler intelligemment oui. Travailler dur et intelligemment, oui, mais pour une cause qui vous tient à cœur, pour un objectif de vie solide.

Soyez un professionnel. Faites votre devoir, respectez votre contrat de travail. Négociez vos augmentations et vos promotions sur la base de vos résultats uniquement. Ne distribuez pas gratuitement votre temps, car c'est votre vie que vous distribuez gratuitement. À moins que vous jugiez celle-ci sans valeur. Ne demandez pas l'aumône, mais vendez un investissement : vous.

N'ayez pas peur du repos. Il est nécessaire. Ne rien faire ou regarder un film idiot peut faire beaucoup de bien. Rire est essentiel. L'humour est une arme redoutable pour faire face à l'adversité. N'ayez pas peur d'avoir besoin de moments de solitude, juste pour vous. Votre conjoint en aura certainement besoin également et il n'y a pas besoin d'être 24 heures sur 24 ensemble pour s'aimer sincèrement.

Votre temps est un actif que vous possédez. Investissez-le judicieusement. Plus vous en avez, plus vous pourrez l'investir dans ce qui vous tient à cœur et dans ce qui vous est utile. La journée perdue en heures supplémentaires stériles peut très bien s'investir en 2 heures de formation, 3 heures sur des projets à valeur ajoutée et le reste en repos et loisirs.

La valeur de votre temps est facile à mesurer : votre revenu rapporté à votre temps de travail en heures. Vous connaissez le prix d'une heure de votre temps. Plus vous progressez, plus cette valeur augmente. Si vous faites votre repassage vous-même et qu'une heure de votre travail vaut 130 dollars, vous perdez de l'argent. Utilisez le temps du repassage pour vous-même et faites appel à une femme de ménage.

Enfin, gardez du temps pour ceux que vous aimez. Au lieu de passer des heures inutiles au bureau pour jouer un rôle qui ne vous grandira pas, passez plutôt ce temps avec votre famille, ceux qui vous aiment et honorez leur amour en partageant ce temps si précieux avec eux.

Vous n'avez pas le temps pour eux ? Soyez alors prêt, un jour, à le regretter durement.

6.
Prendre des risques,
très calculés

Prendre un risque est souvent synonyme d'acte dangereux, périlleux et donc à éviter. Combien de fois avez-vous été dissuadé par des personnes vous disant « Tu prends un risque ! ». Ne pas prendre de risque est le meilleur moyen de ne jamais rien faire de sa vie.

Ceux qui vous dissuadent avec de tels propos sont souvent ceux qui mettent leurs économies à la banque (et se font plumer en frais par celle-ci), forment des « couples zombies » sans réel amour ni projet de vie, donnent des conseils sur l'amour sans avoir connu l'amour, donnent des conseils sur la gestion de carrière sans avoir eu de succès particulier dans la leur...

Ces personnes ne prennent pas de risque : elles prennent d'office les pires décisions. Elles travaillent pour leur banquier et non pour elles-mêmes, se rendent malheureuses en couple entraînant leur conjoint dans une spirale d'ennui et de regrets. Ces personnes ne progressent pas dans leur carrière se contentant de maigres augmentations et de titres qui ne veulent souvent pas dire grand-chose, mais suffisent à flatter leur ego mesquin.

Pourtant, au quotidien chaque action comprend des risques. Chaque fois que vous traversez la rue, vous prenez le risque d'un accident avec un véhicule. Et que faites-vous ? Vous regardez à gauche, à droite, puis traversez. Si un véhicule arrive, vous évaluez sa distance, sa vitesse et voyez si vous avez le temps ou non de traverser. Autrement dit, vous prenez un risque, mais, sans vous en rendre compte, vous prenez un ensemble de mesures pour que tout se passe bien, sans accident. Vous prenez un risque calculé. Et vous en prenez ainsi des dizaines voire des centaines par jour sans vous en rendre compte.

Si vous voulez passer de l'autre côté de la route, il va vous falloir prendre un risque, calculé. Pour survivre et progresser dans l'entreprise, c'est la même chose. Si vous souhaitez obtenir des promotions, il va vous falloir prendre des risques, calculés. Même si la tâche est plus complexe que pour traverser la route, le principe est le même. Vous avez sans doute oublié la première fois où vous avez dû traverser une route étant enfant : cela n'était pas aussi simple qu'aujourd'hui. Vous étiez petit ce qui rend la tâche difficile, notamment pour voir au-dessus des véhicules, et ne l'aviez jamais fait. Aujourd'hui, vous traversez simplement la route en appliquant des mesures de sécurité sans vous en rendre compte, par réflexe. Pour votre carrière, c'est la même chose.

Voici quelques risques et quelques opportunités que j'ai dû prendre. Tout comme la première fois que j'ai traversé une route, j'ai eu peur. Si je ne l'avais pas fait, je serais encore probablement à un poste subalterne, peu intéressant, peu rémunéré. Cela valait bien quelques frissons.

6.1.
Choisir ses projets, ses cibles

Que vous gériez à temps plein des projets ou que vous en gériez quelques-uns en parallèle de votre job quotidien, vous devez les réussir. De nombreux projets échouent soit parce qu'ils ont été mal sélectionnés soit parce que les risques associés ont été insuffisamment évalués.

En premier lieu, ne vous lancez pas dans des projets irréalistes ou trop ambitieux. À moins que vous soyez dirigeant d'un grand groupe avec plusieurs centaines ou milliers de personnes qualifiées pour mener votre projet à bien, le plus souvent vous serez seul ou accompagné d'une petite équipe. Difficile dans ce cas de révolutionner l'entreprise. Si vous êtes seul ou avec 2 collègues pour vous aider, avec un horizon d'un an pour réussir, vous devez cibler précisément votre action. Un projet pilote est idéal dans ce type de situations. Choisissez d'appliquer votre projet à un périmètre restreint, de petite taille, et mettez le paquet dessus. Vous augmenterez considérablement vos chances de succès et, dans le cas d'un échec, au vu de la petite taille du projet, personne ne remarquera que vous avez échoué. En cas de succès, vous pourrez petit à petit étendre votre approche à un périmètre de plus en plus important ce qui sécurisera votre futur et votre évolution sur plusieurs années. Démarrez petit, puis élargissez.

Ensuite, assurez-vous de vous lancer dans un projet qui ait une réelle valeur ajoutée, c'est-à-dire qui est générateur d'économies ou de chiffre d'affaires supplémentaire pour l'entreprise. Refaire une plaquette d'information qui ne fera ni augmenter les ventes, ni faire des économies, ni gagner du temps est inutile : vous ne faites que gaspiller le temps et l'argent de l'entreprise. Sans compter que vous vous décrédibilisez en montrant que vous n'avez rien d'autre à faire que de vous consacrer à des activités inutiles.

Évaluez soigneusement vos forces et faiblesses pour réaliser votre projet. Prenez le temps de faire ce travail préalable indispensable. Simulez dans votre tête la réalisation du projet : de quoi avez-vous besoin précisément ? Comment l'obtenir ? En combien de temps ? Qui, ou quoi, peut bloquer chaque étape ? Comment y faire face ou éviter l'obstacle ? Bref, réfléchissez plusieurs fois à la manière dont vous allez concrétiser votre projet avant de vous lancer.

Ne négligez pas des éléments adverses que vous devrez probablement affronter comme la résistance au changement, les relations tendues entre individus ou départements, les personnes enthousiastes au départ qui vous font faux bond en cours de route... Intégrez de l'incertitude de votre plan, ce que Clausewitz appelle des « frictions ». Gérer un projet est l'opposé d'une mécanique horlogère de précision. Gérer un projet, c'est poursuivre un objectif sur un chemin jonché d'embûches et d'imprévus.

Ne sous-estimez pas le risque de détournement de votre projet par quelqu'un d'autre. Certains individus sont professionnels pour s'approprier le travail des autres. D'autres sont experts dans l'art de surveiller les projets en cours et de les rejoindre une fois qu'il n'y a plus aucun risque pour eux, que le gros du travail a été fait par les autres et le succès du projet imminent. Votre supérieur direct peut faire partie de ces catégories.

Choisissez donc bien vos projets en tenant compte de ces éléments dont la liste est bien entendu loin d'être exhaustive. Évaluez vos forces et vos faiblesses, les risques et les opportunités de chacun des projets dans lesquels vous envisagez de vous lancer.

En faisant ce travail de ciblage, faites très attention à ne pas vous laisser dissuader par des obstacles réels ou potentiels. Ne réfléchissez pas si oui ou non vous pouvez réaliser tel projet, mais comment vous pouvez le réaliser. Ne réfléchissez pas si oui ou non vous devez engager un projet parce que celui-ci comporte des risques, mais comment surmonter ou éviter ces risques. Sinon, vous risquez de vous retrouver avec un mental qui vous paralyse, vous maintient immobile et donc vous expose au danger. Soyez avec vos projets comme un prédateur : vous avez une cible, à vous de vous débrouiller pour l'atteindre.

6.2.
Faire légitimer ses projets
et faire connaître cette légitimité

Rien n'est plus dangereux que d'engager un projet dans lequel vous n'êtes a priori pas légitime. C'est un coup de poker à l'issue duquel vous pouvez ressortir riche ou ruiné.

Ici, nous ne jouons pas au poker, du moins pas en amateur. Nous prenons des risques soigneusement calculés et uniquement des risques soigneusement calculés.

Si votre fonction naturellement vous autorise à engager des projets, les choses sont relativement simples. Si vous pouvez engager des projets transversaux, c'est-à-dire impliquant plusieurs départements en dehors du vôtre, il est plus que souhaitable que les responsables de ces départements donnent leur accord au préalable. Dans tous les cas, assurez-vous malgré tout de la bénédiction préalable de la direction.

Si votre fonction ne vous autorise pas naturellement à engager de tels projets, il vous faudra agir autrement. Comme nous l'avons mentionné précédemment, il vous faudra vous assurer du soutien de votre N+2 puis de votre N+1.

Si votre projet est supporté par votre hiérarchie, c'est-à-dire au moins votre N+1 et N+2, idéalement par la direction, les risques de vous faire pirater votre projet sont fortement réduits, car vous avez un mandat pour agir et solliciter de la coopération au sein de l'organisation. Il sera également plus difficile pour quelqu'un de vous mettre des bâtons dans les roues. En agissant ainsi, votre adversaire court le risque de mettre des bâtons dans les roues de votre hiérarchie voire de la direction, ce qui est rarement une bonne idée.

Si votre job consiste davantage à exécuter qu'à engager et gérer des projets, vous devrez légitimer vos requêtes d'engager des projets. Votre hiérarchie risque de sentir quelque peu nerveuse de vous laisser engager une aventure pour laquelle vous n'avez pas forcément fait vos preuves et dont l'issue est incertaine. Vous devez donc rassurer et convaincre votre hiérarchie.

Tout d'abord, votre travail doit être impeccable. Si votre travail est bien fait, solide, fiable sur la durée, votre management aura un capital confiance accru en vous.

Ensuite, votre diagnostic de la situation doit être robuste, les gains tangibles et les actions simples et réalistes. En plus d'avoir confiance en vous, votre hiérarchie aura confiance dans votre projet.

Gérez ensuite les objections. Qu'a-t-on à perdre ? Rien. Vous prenez la responsabilité. Cela n'affectera pas votre travail quotidien. Vous organisez des points d'étapes en étant transparent sur les succès et les difficultés rencontrés, en expliquant comment vous allez surmonter simplement les difficultés. Les managers sont rarement des entrepreneurs et ont tendance à avoir une forte aversion au risque. En agissant ainsi, vous les rassurez et les encouragez à vous légitimer pour gérer vos projets.

Lorsque votre position est une position essentiellement d'exécution, commencez doucement. N'engagez pas plus de 10 % de votre temps dans vos projets. Tout d'abord pour démarrer en sécurité. Mieux vaut apprendre à tirer sur un stand de tir en premier plutôt qu'en plein milieu d'un champ de bataille... Ensuite, votre management n'aura pas peur que votre travail quotidien soit affecté, ce qui est la priorité. Enfin, en ne gérant que marginalement des projets, votre N+1 ne se sentira pas vraiment concurrencé par vos potentiels succès. Quand vos premiers projets auront abouti avec succès, augmentez doucement la part des projets dans votre quotidien, sans oublier de la refléter dans vos objectifs annuels. Au bout de quelques années de succès, vous pouvez finir avec aisément 50 % de votre temps Augmentez peu à peu la part de temps consacrée aux projets, jusqu'à 50 %.

Avec le temps, ce sont les opportunités de promotions, internes ou en changeant de société, que vous devrez considérer.

La légitimité se gagne peu à peu, sur la durée et la capitalisation des succès.

6.3.
Se faire connaître
par le top management

Ce sont les autres, notamment votre hiérarchie, qui vous reconnaissent comme professionnel. Rappelez-vous les faux experts autoproclamés, parfois au placard, et qui ne créent pas de valeur. Ceux-là vont rarement loin.

Être reconnu comme un professionnel apportant une vraie valeur ajoutée par le top management est une consécration. Si le top management vous identifie comme un investissement pour l'entreprise, ce sont les prémices d'une accélération de carrière (et de salaire).

Sauf si votre position vous amène à en côtoyer les membres, essayez de vous en rapprocher autant que vous pouvez.

Rappelez-vous les exemples précédents de discussions rapides dans l'ascenseur ou devant la machine à café. Essayez d'en savoir plus sur les difficultés en cours, notamment celles où vous avez des moyens de contribuer à l'amélioration de la situation. Si certaines difficultés sont liées à votre département, c'est une excellente opportunité pour proposer vos services...

Si vous avez des activités en dehors de l'entreprise communes à celles de certains top managers, vous pouvez les utiliser pour vous en rapprocher. Club sportif ou artistique, associations caritatives ou politiques, cercle d'amateurs de vin, de spiritueux ou de cigares, associations diverses... sont autant d'occasions de partager des moments communs et ainsi de créer des liens. Attention toutefois à rester authentiques. N'allez pas dans un club d'amateurs de cigares si la fumée vous dérange. N'allez pas non plus vous engager dans le club de football de tel dirigeant si vous ne savez pas jouer au football : si vous faites perdre son équipe par votre médiocrité, cela ne servira probablement pas vos intérêts. Ne faites que des activités que vous aimez et dans lesquelles vous prenez du plaisir. Ne le faites pas uniquement par intérêt professionnel : cela se verra immédiatement.

Essayez d'être dans des réunions où ils participent, afin que votre visage devienne connu. De temps en temps, n'hésitez pas à poser une question, par exemple, pour mieux comprendre les enjeux ou les origines d'un problème que vous pourriez transformer en opportunité de projet. Concernant un sujet à l'ordre du jour sur lequel vous suspectez une opportunité de projet pour faire vos preuves, préparez le sujet et, s'il se confirme qu'une opportunité existe, proposez durant la réunion de creuser le sujet. Vous pouvez préparer un constat chiffré avant la réunion pour renforcer le problème, justifier d'autant plus la nécessité d'agir et vous porter volontaire pour creuser le sujet.

Faites-vous remarquer lors des séances de remerciements de ceux qui vous ont aidé en copiant le top manager dont ils dépendent, sauf si bien entendu l'éloignement est trop important. Lorsque vous êtes salarié d'une filiale en Espagne d'une grande banque allemande, vous pouvez mettre en copie de tels remerciements des membres du management local, mais cela risque d'être déplacé d'inclure le président du groupe à Francfort. À vous de trouver le juste équilibre.

La direction des ressources humaines est également un bon moyen si vous n'avez pas d'accès direct au top management. Nous avons trop souvent tendance à assimiler le département des ressources humaines au recrutement, à la paie et au licenciement en oubliant que l'une des missions de ce département consiste à retenir les talents. Aussi, muni de vos résultats des années précédentes, vous pourrez justifier et négocier solidement vos demandes d'augmentation et/ou de promotion. Si celles-ci sont solides, les ressources humaines les retiendront et les soumettront pour revue et approbation à la direction qui aura ainsi l'opportunité de connaître votre nom et vos réalisations.

Se faire remarquer par la direction est essentiel et les moyens sont multiples. Négliger cet aspect est un risque susceptible de vous faire perdre un temps précieux et des opportunités, car, sauf si votre N+1 est membre de la direction générale, celui-ci a rarement le pouvoir (et la volonté) de booster votre carrière.

6.4.
Gérer la relation avec son N+1

La relation avec votre N+1 peut être simple et très bonne, du moins en apparence. Elle peut aussi être infernale.

N'oubliez pas que nous sommes dans un environnement compétitif, pas collaboratif même si les discours officiels prônent l'esprit d'équipe. Si les joueurs d'une équipe avaient un tel esprit collaboratif, il n'y aurait pas besoin d'un capitaine.

Gardez en tête les objectifs des différents types de managers évoqués précédemment et certains principes fondamentaux.

Un, votre N+1 est votre patron. Ce n'est pas votre ami. Ce n'est pas non plus un gourou à suivre aveuglément. Il peut être bon ou mauvais, techniquement ou humainement. Vous pouvez l'admirer ou le détester. Dans tous les cas, il est votre patron et le jour où il devra choisir entre protéger sa tête ou la vôtre, sa décision ne sera pas le fruit d'une longue réflexion, mais d'un simple réflexe de survie. Par ailleurs, j'ai souvent observé que lors d'un conflit entre un salarié et son N+1, la direction tend à donner raison au N+1.

Le risque ici est de mal gérer cette relation en évitant que votre N+1 soit affecté par votre ambition et en évitant que celui-ci devienne un adversaire. Votre survie est en jeu, votre réussite aussi.

D'abord, vous lui devez le respect. Une sanction disciplinaire pour manque de respect n'est pas une bonne option pour survivre, encore moins pour réussir. Si la relation est bonne, il n'y a pas de souci. Si ce n'est pas le cas, forcez-vous de dire bonjour, au revoir, merci, s'il vous plaît, tenez-lui la porte ou retenez l'ascenseur, par simple courtoisie.

Ensuite, vous devez délivrer le travail attendu. Ce travail doit être de qualité, fiable, irréprochable. Vous ne devez pas pouvoir être attaqué sur la qualité de votre travail. Respectez votre temps de travail, sans excès. Assurez-vous que vos objectifs annuels sont compatibles avec le temps prévu à votre contrat de travail au risque de ne pas être en mesure d'atteindre des objectifs déraisonnables, de vous exposer ainsi et de ne plus disposer de temps pour des projets ou pour vous-même. Que votre relation soit bonne ou mauvaise avec votre N+1, ces quelques principes simples sont essentiels : votre performance doit être basée sur des faits tangibles, objectifs, éliminant ainsi toute subjectivité. Vous garantirez aussi à votre N+1 de ne pas le mettre en défaut de ses propres objectifs : cette approche est gagnante pour tout le monde.

Réussissez vos projets. Ils contribueront à vous apporter le succès, sécurisant votre position tout en vous ouvrant de nouveaux horizons de réussite. Votre N+1 bénéficiera des retombées de ces succès.

Soutenez votre N+1 lorsqu'il a besoin d'aide. Si vous le sentez en difficulté, en mauvaise posture, tendez-lui la main en lui offrant de l'aider. S'il est en mauvaise posture en réunion, aidez-le à s'en sortir. S'il est attaqué sur un dossier, vous pouvez expliquer qu'un travail important a été fourni, mais que le délai imparti était insuffisant pour le peaufiner. Demandez alors un délai supplémentaire pour le finaliser et intégrer les suggestions pertinentes soulevées lors de la réunion. Bien entendu, si la situation est périlleuse et que votre soutien à votre N+1 risque de vous mettre en péril, gardez vos distances pour ne pas vous mettre également en péril. Enfin, si votre N+1 veut votre peau, vous n'avez aucune raison de lui tendre la main si ce n'est lui donner davantage de chances de causer votre perte.

Il existe autant de N+1 que de personnalités différentes. Il est donc impossible de généraliser ce qui n'empêche pas la prudence. Les plages calmes et ensoleillées des Caraïbes sont les mêmes que celles qui subissent de terribles cyclones chaque année.

À l'inverse, préparez-vous au risque que la relation se détériore voire se transforme en conflit. Ceci n'est pas une règle générale bien entendu, juste un risque qu'il est prudent de considérer. Si tout se passe bien, vos efforts pour éviter ce risque vous auront aidé à rester plus serein. Au contraire, si la situation devient tumultueuse, vos efforts révéleront toute leur utilité.

Tout d'abord, ne restez pas complètement dépendant de votre N+1. Faites-vous connaître et développez le lien avec votre N+2 voire N+3. Débrouillez-vous pour qu'ils soient au courant de ce sur quoi vous travaillez et des enjeux associés. Cela évitera que votre N+1 s'approprie, souvent à votre insu, vos réalisations.

Entretenez également un lien étroit avec la direction des ressources humaines. Si le directeur des ressources humaines vous est inaccessible, maintenez le contact avec la personne qui suit votre dossier de carrière au sein de l'entreprise. Informez-la de ce sur quoi vous travaillez, de vos projets en cours, des pertes ou du manque à gagner associés, des gains visés.

Et d'une façon plus générale, faites en sorte qu'un maximum de personnes soit au courant de ce sur quoi vous travaillez, des pertes ou du manque à gagner associés, des gains visés. Communiquez également, quitte à vous répéter comme je le fais souvent, sur vos réalisations et les sommes rapportées à l'entreprise. Cela contribuera à votre aura et rendra la tâche d'un N+1 malveillant à votre égard bien plus complexe.

Ne rentrez pas dans un clan. L'entreprise est parfois composée de clans rivaux. Il y a toujours un perdant et un gagnant. Et un nouvel arrivant peut toujours transformer le gagnant d'un jour en futur perdant. Même si votre relation est tendue avec votre N+1, ne vous jetez pas dans les bras accueillants d'un éventuel clan adverse. Restez en bons termes avec tous les clans en restant neutre, uniquement focalisé sur les résultats tangibles du travail bien fait. Cela ne vous empêche pas à l'occasion de partager avec certains les difficultés que vous rencontrez et, chaque fois que cela est possible, d'indiquer ce que vos tensions avec votre N+1 coûtent à l'entreprise ...

Le temps est parfois un excellent allié. Votre N+1 qui vous faisait des misères vient d'annoncer sa démission ou son transfert vers un autre poste. Vos problèmes peuvent ainsi se résoudre d'eux-mêmes. Je dis « peuvent » car chacun sait ce qu'il perd, pas forcément ce qu'il va gagner : le successeur de cet odieux N+1 pourrait bien être semblable, voire pire que son prédécesseur.

Si votre N+1 devient de pis en pis, qu'il s'accroche comme un bigorneau à son poste, semblant indéboulonnable, que la situation semble sans espoir et que vous en souffrez, envisagez d'aller voir ailleurs. Si vous aimez votre entreprise, soyez à l'écoute des opportunités en interne. Sinon, soyez (discrètement) à l'écoute du marché, sollicitez votre réseau, commencez à postuler à des offres de postes dans d'autres entreprises.

Personnellement, j'ai eu une multitude de patrons. Des compétents et des incompétents, des directs et des tortueux d'esprit, des courageux et des lâches... J'ai vu pas mal de profils. Dans 50 % des cas, tout se passait bien, voire très bien, sans aucun problème. Dans 30 % des cas, la situation était « normale », c'est-à-dire ni bonne ni mauvaise. Dans 20 % des cas, la situation était tendue et j'en ai clairement souffert.

Il n'est, encore une fois, pas possible de généraliser des situations chaque fois uniques par les personnes, leurs contextes, leurs histoires. Je ne partage ici que quelques leçons tirées de mon expérience personnelle. La souffrance au travail du fait d'un N+1 hostile envers vous est une réalité pour beaucoup de personnes. Souvent, les discussions pour essayer d'arranger la situation n'aboutissent pas, car ce sont des causes plus subtiles, moins avouables qui le plus souvent sont à l'origine de telles situations.

Il est inutile de vous faire des films noirs si votre relation avec votre N+1 est bonne. Soyez juste prudent et n'oubliez jamais qui il est : votre patron.

6.5.
Prendre un nouveau poste, changer de société

Si pour l'essentiel du 20ème siècle il était courant de faire sa carrière au sein de la même entreprise, cela devient l'exception qui ne confirme pas la règle au 21ème. Que ce soit suite à la perte de votre emploi ou à une opportunité d'évolution, vous serez amené à prendre un nouveau poste probablement plus d'une fois au cours de votre parcours professionnel.

Sauf bien entendu si vous avez perdu votre job, prendre un nouveau poste implique de prendre quelques risques qu'il convient de bien calculer.

Le premier des risques est la peur que vous pouvez ressentir de ne pas être à la hauteur pour ce nouveau poste. On vous demande certaines compétences et expériences que vous n'avez pas. Vous ne méritez pas un salaire plus élevé. Il va falloir changer de département, voire d'entreprise, alors qu'actuellement votre situation est confortable, vous connaissez l'entreprise où vous êtes et vous vous êtes fait des amis parmi vos collègues. C'est trop difficile. Ce n'est pas pour vous. Et effectivement, en pensant de la sorte, le poste ne sera pas pour vous, car vous serez complètement démotivé ne serait-ce que pour envoyer votre candidature. Vous passerez plus de temps à trouver des excuses pour ne pas agir et à regretter qu'à postuler effectivement pour ce poste pourtant alléchant. Je me souviens de cette citation de Richard Branson : « Si quelqu'un vous offre une opportunité incroyable et que vous n'êtes pas sûr de pouvoir le faire, dites oui. Vous pourrez ensuite apprendre comment faire ». Mon expérience lui a donné raison. Je n'avais jamais plus de 80 % des qualités et des compétences requises pour les postes que j'ai décrochés. J'avais parfois 100 % des compétences requises pour des postes que je n'ai jamais décrochés. Le poste vous tente ? Vous souhaitez évoluer ? Alors, foncez ! Saisissez l'opportunité. Vous souffrirez pendant 6 mois, un peu moins les 6 mois suivants et finirez par évoluer naturellement comme un poisson dans l'eau dans votre nouvel environnement. Vous aurez alors fait un grand pas : vous aurez progressé dans votre carrière, probablement gagné en salaire, acquis de nouvelles compétences, de nouvelles expériences et, surtout, vous aurez surmonté votre peur.

Le deuxième risque est de quitter une entreprise où vous avez votre place. Du moins, c'est votre sentiment. Vous quittez un environnement connu pour un environnement inconnu. Souvent, vous rompez un contrat de travail qui vous semblait stable pour entrer dans une période d'essai par définition incertaine. Vous avez peur (une fois de plus) de ne pas être à la hauteur et de ne pas réussir cette période d'essai. Personnellement, je n'ai pas vu beaucoup de personnes échouer lors de leurs périodes d'essai. En revanche, j'ai vu des centaines de licenciés qui se croyaient solidement ancrés à leurs postes et qui n'ont rien vu venir. Statistiquement, il est donc plus probable de se faire licencier de son poste que d'échouer lors d'une période d'essai.

Le troisième risque est de partir travailler pour une société peu fiable, voire spéculative (spéculative signifiant une société qui à tout moment peut mettre la clé sous la porte ou éventuellement rebondir). Vous êtes alors comme la petite souris face à un délicieux morceau de gruyère placé sur un piège. Faites un travail d'information préalable et passez en revue l'histoire de la société, son secteur, sa réputation, les avis sur la qualité de ses produits et services, l'évolution de son chiffre d'affaires et de sa rentabilité, son éventuelle appartenance à un grand groupe pouvant intervenir en cas de coup dur ou vous offrir des perspectives de rebond... Vous vous ferez ainsi votre propre opinion sur la base d'éléments factuels. Il vous sera ensuite plus aisé de faire votre choix : postuler ou non ? Dans tous les cas, ne foncez pas tête baissée juste sous le coup de l'émotion.

Un quatrième risque est la nostalgie de son ancien employeur. Vous regrettez le bon vieux temps. C'était mieux avant. Sauf que vous êtes dans le présent, chez votre employeur actuel. Ne les comparez pas ouvertement et regardez vers l'avenir. Sinon vous risquez un jour que quelqu'un vous demande pourquoi vous êtes venu et n'êtes pas resté là où vous étiez. Si vous avez acquis des savoir-faire, des compétences, des techniques lors de vos expériences précédentes et que ceux-ci peuvent améliorer les choses dans votre nouvelle entreprise, alors gardez-les pour vous quelque temps. Observez bien la situation pendant quelques mois, faites vos preuves. Ensuite, utilisez ces atouts cachés dans votre manche pour mettre en place des projets qui vous valoriseront.

En règle générale, que vous ayez une opportunité d'évoluer en interne ou dans une autre entreprise, considérez-la sérieusement. Certaines opportunités ne se présentent qu'une seule fois.

Calculez vos chances de réussite et si vous avez un doute, pensez à Richard Branson.

6.6.
S'expatrier

Et pourquoi ne pas partir directement... à l'étranger ?

La première fois que je suis parti vivre à l'étranger ne fut pas par choix. Ce sont les évènements, notamment le fait que je ne trouvais pas de poste dans mon pays, qui m'ont poussé à chercher au-delà des frontières. La peur du changement me rendait malade d'autant plus que je ne maîtrisais pas la langue locale malgré des années de cours. Le changement a été difficile. Vivre dans une ville nouvelle, avec une nouvelle langue, une nouvelle culture, seul, entouré d'inconnus est une véritable épreuve. Ceux qui l'ont vécue savent précisément de quoi je parle.

Pourtant, je n'ai jamais regretté ce choix qui m'a permis d'accélérer radicalement ma carrière, de rendre ma vie plus pétillante et de vivre plusieurs vies en une seule.

Là encore, le plus grand risque est de rester paralysé par la peur de passer à l'acte. En ce qui me concerne, ce sont les évènements qui m'ont poussé à partir sinon je ne l'aurais probablement jamais fait sans savoir ce que j'allais manquer. Si maintenant je n'ai plus peur de bouger d'un pays à l'autre, c'est parce que je l'ai fait une fois et que je sais, bien que cela ne soit jamais simple, que j'ai beaucoup à y gagner. Quasiment tous les expatriés que je connais sont dans la même situation : si c'était à refaire, ils le referaient sans hésiter.

Quelques préalables sont cependant à considérer.

D'abord, vous devez être prêt à sauter le pas. « Vous » inclut votre famille si vous n'êtes pas seul. Votre famille est-elle prête à vous suivre dans un nouveau pays, parlant éventuellement une autre langue, ayant éventuellement une culture très différente de la vôtre ? Votre famille est-elle prête à s'éloigner des grands-parents ? Si votre conjoint occupe un bon poste, vous suivra-t-il/elle ? Quelle sera la vie de votre conjoint dans ce nouveau pays ? L'opportunité qui booste votre carrière peut également briser votre couple si vous n'avez pas envisagé sérieusement le sujet.

Une fois votre entourage prêt à vous suivre, l'aventure vous attend.

Assurez-vous, sauf si vous êtes prêt à démarrer votre propre business, d'obtenir un contrat auprès d'un grand groupe international ou local. Souvent, les entreprises locales sont prêtes à offrir d'excellentes rémunérations pour attirer les talents : ne vous focalisez donc pas uniquement sur les entreprises de votre pays implantées localement. En plus d'une bonne rémunération, incluant souvent de nombreux avantages comme le logement, une couverture santé haut de gamme, le paiement de vos impôts par votre employeur... vous aurez souvent l'opportunité d'occuper des fonctions que vous n'auriez pas occupées dans votre pays d'origine. Et ceci est un plus fondamental. Votre employeur vous accompagnera en général pour les démarches et vous aidera à vous installer, soit lui-même soit par le biais d'une société spécialisée.

Le bénéfice est en général élevé. Prenez garde néanmoins à certains risques qui peuvent compromettre votre intégration.

Vous allez dans un pays qui n'est pas le vôtre, qui a sa propre culture, ses règles et parfois sa langue. Considérez-vous comme un invité et pliez-vous aux règles locales. Plutôt que les critiquer, essayez d'en comprendre l'origine. Vous apprendrez beaucoup, surtout sur vous-même. Lisez sur la culture locale avant de partir et une fois sur place demandez conseil aux locaux sur comment faire dans telle ou telle situation. Ils seront heureux de vous aider. Si vous n'envisagez pas d'apprendre une nouvelle langue, apprenez au moins quelques mots et phrases, ne serait-ce que par respect et pour montrer votre volonté de vous intégrer. Si des sujets sont tabou, par exemple politiques ou religieux, ne les abordez pas. Au contraire, essayez de comprendre d'où vient la différence. Vous risquez d'être surpris dans vos idées reçues et autres convictions.

Prenez garde au pays dans lequel vous allez. Certains pays sont politiquement instables, parfois proches d'une guerre civile et vous risquez de vous mettre, vous et votre famille, en danger. Préférez les pays stables sinon soyez prêts à vous éloigner aux premiers signes menaçants.

Respectez les lois locales et renseignez-vous à ce propos avant de partir. Vous pouvez consulter des guides, des sites Internet notamment ceux des ambassades. Ce qui vous semble normal peut être interdit dans certains pays. La bouteille de whisky écossais peut vous causer de sérieux problèmes dans certains pays du monde. Tout comme la barrette de drogue qui dans certains pays peut vous procurer une forte amende, voire quelques mois de prison, et dans d'autres la peine capitale.

Avec le temps, vous risquez de ressentir une sorte de déracinement. Loin des yeux, loin du cœur, vous vous éloignerez peu à peu de votre pays d'origine et ne maintiendrez qu'un contact réduit avec vos proches. À force de temps passé dans la culture locale, vous finirez probablement par en adopter certains traits. Si vous rencontrez dans ce nouveau pays votre nouveau conjoint, la mixité de votre couple sera à l'origine d'agréables surprises, mais aussi de certaines tensions que seule la (parfois longue) patience pourra éviter.

S'expatrier est, à mon avis et de l'avis de la plupart des expatriés, une opportunité exceptionnelle. Non seulement vous aurez une opportunité unique de propulser votre carrière et votre rémunération, mais aussi la chance de pouvoir vivre une autre vie, parfois un nouveau départ. De nombreux expatriés ne souhaitent pas revenir à leur vie d'avant, dans leur pays d'origine. Ce n'est pas sans raison.

Et vivre plusieurs vies dans sa vie, surtout dans des conditions agréables et confortables, est une chance à ne pas laisser passer. Encore une fois, à mon avis.

6.7.
Se mettre à son compte

Qui n'a jamais rêvé de devenir son propre patron ? L'idée vous a probablement traversé l'esprit tout comme la majorité d'entre nous. Cette option peut être la voie vers la réussite et le bonheur, mais aussi celle vers des moments difficiles. Un autre risque à bien calculer avant d'agir.

Pour commencer, ne vous lancez pas sur un coup de tête ou un coup de cœur. Se mettre à son compte nécessite un projet solide, bien préparé. J'ai vu beaucoup d'anciens collègues, ingénieurs ou financiers, qui après un coup dur professionnel ont décidé de tout laisser tomber et d'ouvrir leur restaurant. Aucun d'entre eux n'a réussi et la plupart ont tout perdu. Même s'ils cuisinaient bien pour 6 personnes, cuisiner pour 50 personnes en même temps est un autre défi. Un cuisinier professionnel a passé le plus souvent quelques années en formation, non sans raison. Sans compter qu'il faut gérer les fournisseurs, la comptabilité, la communication, les questions d'hygiène et de sécurité, le personnel... tout en étant profitable.

Que vous décidiez de lancer votre restaurant, une activité de services ou de conseils, vous devez vous assurer de votre capacité à réussir. Il ne s'agit pas seulement de votre motivation, mais aussi de celles de vos clients potentiels à faire appel à vous et à vous rémunérer suffisamment. Vous devez avoir une demande en face de vous, de préférence durable. Soyez donc prudents face aux retournements de conjoncture économique, aux changements techniques ou technologiques, aux effets de mode. Vous devez aussi avoir un capital solide pour financer le lancement et au besoin 6 à 24 mois d'activité. Par la suite, votre fonds de roulement doit pouvoir vous permettre de financer au moins 3 mois d'activité d'une part pour vous permettre d'encaisser un coup dur imprévu, mais également pour vous permettre de réagir.

De plus en plus de salariés, notamment des cadres d'un certain niveau, deviennent consultants parfois pour leur ancien employeur. Cette option peut être intéressante surtout si vous gagnez plus, financièrement ou en temps libre. Elle peut être encore plus intéressante si vous pouvez cumuler plusieurs clients pour démarrer et sécuriser quelques années d'activité bien rémunérée.

Néanmoins, être indépendant signifie assumer toutes les charges, administratives et fiscales. Dans certains pays, vous devez payer des contributions sociales dès votre lancement alors que vous n'avez pas encore généré le moindre dollar de chiffre d'affaires. Votre activité, sauf si vous avez une équipe, ne tournera pas lorsque vous êtes malade ou en congé. Vous devrez probablement délivrer plus de travail qu'auparavant non seulement du fait de la charge administrative autrefois supportée par votre employeur, mais aussi du fait que vos clients vont se montrer de plus en plus exigeants et pressés. Si vous avez plusieurs clients, votre charge de travail risque d'exploser.

En période de réduction des coûts, les entreprises ciblent en premier lieu les consultants. Puis viennent les intérimaires et en dernier les salariés. Vous risquez donc, en période de conjoncture adverse, de faire partie des premiers à être impactés. Vous êtes également exposé au risque d'un changement d'interlocuteur au sein de votre client. Votre nouvel interlocuteur peut vouloir continuer la collaboration avec vous, voire la développer. Il peut aussi choisir de la réduire ou d'y mettre fin, pour des raisons objectives ou non.

Avoir une idée, un projet, des ambitions, rêver est essentiel et chacun de nous rêve d'indépendance. Il nous faut juste nous assurer que nos actions permettent de réaliser ses rêves et que ceux-ci ne deviennent pas des cauchemars. Vous voulez devenir indépendant ? Alors, formez-vous bien. Préparez un solide business plan de votre projet avec des hypothèses pessimistes, analysez bien vos forces et vos faiblesses, les risques et les opportunités, prévenez les risques et réfléchissez à comment concrétiser les opportunités.

Une fois ce travail de formation et d'analyse effectué, alors vous serez davantage en mesure de prendre une décision. Pour faire ce travail, vous aurez besoin des éléments évoqués précédemment dans ce livre : un rêve, un but, un état d'esprit, des compétences solides, le goût du travail bien fait, du temps (beaucoup de temps), une réelle capacité à écouter et à observer pour identifier les opportunités et les menaces, la santé et un bon entourage pour vous soutenir.

7.
Communiquer, communiquer, communiquer

Souvent, j'entends « La communication, c'est du vent ! ». Dans ce cas, pourquoi la publicité est-elle aussi présente dans notre quotidien ? Pourquoi les politiciens font-ils des campagnes électorales aussi coûteuses ? Pourquoi les entreprises dépensent-elles autant dans la communication ? Et pourquoi communiquons-nous autant ?

Tout simplement parce que cela fonctionne. Nous aimons tous rêver et aspirons tous à une vie plus sereine, plus confortable. Les politiciens menant une bonne campagne se font élire. Une bonne campagne publicitaire booste les ventes des produits les plus insignifiants. Comment de l'eau sucrée et aromatisée peut-elle se vendre aussi cher, laissant croire à une expérience magique si ce n'est des kilos en plus ? Parce que la publicité fonctionne.

Pensez également à l'efficacité du bouche-à-oreille. C'est la meilleure publicité qui soit : elle est virale. Pensez également au nombre d'inepties auxquelles, quasiment tous, sommes amenés à croire, tout simplement parce qu'à force de répétition, l'ineptie devient croyance ou vérité dans nos esprits insuffisamment éclairés.

Pour vous qui voulez réussir, et pas seulement survivre, il est exclu de passer à côté d'un instrument de promotion aussi puissant que la communication. D'ailleurs, si vous êtes bon et que vos projets ont créé une forte valeur ajoutée pour l'entreprise, mais que personne ne le sait, finalement, à quoi cela sert-il ?

Vous êtes un produit sur un marché. Vous êtes un investissement sur un marché. Les autres doivent le savoir. Vous devez leur faire savoir, en permanence.

7.1.
Montrez votre efficacité en réunion

Les réunions sont un important moment pour votre communication. Vous devez être professionnel. Vos interventions doivent porter sur des faits, des actions concrètes, des résultats, de la simplicité.

Moins vous parlez, plus vos interventions seront remarquées. Si vous parlez pour évoquer des constats précis, des actions simples et réalistes, vos paroles seront écoutées. Si vous êtes un professionnel reconnu au sein de l'entreprise, vos paroles seront non seulement écoutées, mais votre avis pèsera dans les décisions prises.

Ceux qui parlent en permanence, monopolisent la parole, proposent des projets coûteux basés sur des constats flous ou des théories, ceux qui n'ont jamais rien réalisé sinon des discours creux... finissent par ne plus être écoutés. Ils deviennent parfois même la risée de l'entreprise, des guignols dont l'inutilité gagne un peu plus en visibilité à chacune leurs interventions.

Écoutez. Prenez des notes. Cherchez à comprendre les points de vue, identifiez les désaccords et leurs origines réelles. Cherchez et proposez des solutions faisant consensus, faisant gagner tout le monde et vous le premier.

Limitez à quelques minutes vos prises de paroles et allez droit au but. Si vous devez faire un constat, gardez seulement les 3 points essentiels soutenus par des chiffres solides. Si vous devez proposer une action, rappelez rapidement le constat, chiffres à l'appui, rappelez la ou les cause(s) que votre action se propose de cibler et le gain espéré. Proposez vos services. Vous êtes clair, efficace et montrez que vous êtes quelqu'un qui agit.

Comme nous l'avons évoqué précédemment, les réunions sont une excellente source d'opportunités. Sachez les saisir. N'allez que dans les réunions où vous êtes utiles ou pouvez identifier des opportunités. À moins que vous ne soyez forcé d'assister à une réunion inutile, évitez de perdre votre temps à juste faire acte de présence. Vous avez mieux à faire et, pour votre image, il est préférable que vous ne soyez jamais associé aux champions des réunions inutiles.

7.2.
Faites-vous connaître
auprès de la hiérarchie

Nous l'avons vu à de multiples reprises tout au long de cet ouvrage : vous devez être visible et en contact avec votre hiérarchie. Votre N+1 bien entendu vous connaît, mais votre N+2, votre N+3 doivent savoir que vous existez, ce que vous êtes, ce que vous avez accompli et pouvez encore accomplir. Idéalement, la direction doit vous connaître.

Vos interventions en réunion, vos réalisations, votre visibilité dans le paysage de l'entreprise vous aideront dans cette tâche qui prend du temps et nécessite du tact.

S'il vous est difficile de vous faire connaître de la hiérarchie, n'oubliez pas les ressources humaines. Votre évaluation annuelle, vos résultats, vos demandes de promotion et d'augmentation sont systématiquement soumis pour approbation à votre hiérarchie qui indirectement apprendra à savoir qui vous êtes. Ceci d'autant plus que, chaque année, votre bilan est positif et votre valeur ajoutée, soigneusement mesurée, accrue.

7.3.
Faites-vous connaître
auprès de l'ensemble
des collaborateurs et managers

Pour humidifier la terre dans un pot, vous pouvez arroser par le haut ou bien miser sur la capillarité. Pour vous faire connaître, c'est la même chose. C'est même encore mieux de vous connaître à la fois par le haut et par le bas.

Précédemment, nous avons évoqué comment entretenir le lien, développer son réseau et obtenir des informations dans l'entreprise autour de la machine à café, d'un déjeuner ou d'un verre après le travail. Utilisez ces moments pour également communiquer sur vos réalisations, quelques chiffres marquants à l'appui. Faites avoir ce que vous avez accompli sans tomber dans une vantardise excessive.

L'information finira par se répandre. Elle s'ajoutera aux retours d'expérience des personnes qui ont travaillé avec vous sur les projets, des managers que vous avez rencontrés ou informés lors des instants de remerciements, des réunions auxquelles vous participez... contribuant ainsi un peu plus à votre réputation.

7.4.
Faites-vous connaître
auprès des tiers

Malgré vos efforts, il se peut que votre entreprise ne puisse ou ne veuille vous promouvoir ou pire, continuer l'aventure avec vous. Il se peut également que vous envisagiez votre futur dans une autre entreprise, y compris dans un nouveau secteur d'activité. Même si les offres d'emploi représentent un important vivier d'opportunités, c'est bien souvent le bouche-à-oreille et les recommandations personnelles qui donnent les meilleurs résultats.

Les prestataires de services, les fournisseurs et autres partenaires de votre entreprise travaillent bien souvent avec d'autres entreprises, concurrentes ou non. Imaginez un instant que vous êtes directeur financier et vous cherchez un responsable comptable. À moins que vous n'ayez la personne compétente en interne, vous demanderez probablement à votre cabinet d'expertise comptable, à vos proches s'ils ne connaissent pas quelqu'un possédant le profil recherché.

Si vous travaillez avec des prestataires extérieurs, vous devez donc entretenir le lien avec eux. Déjeuner, verre après le travail... sont autant d'opportunités pour mieux se connaître, mais aussi faire connaître ce que vous savez faire, faire connaître ce que vous avez fait. En un mot, vous faire connaître en dehors de votre entreprise, vous faire connaître sur le marché.

La valeur ajoutée que vous aurez créée au travers de vos projets sera un vrai plus qui fera la différence, surtout si vous avez rapporté bien plus que vous n'avez coûté. Vous deviendrez une valeur prisée, et donc chère, sur le marché.

7.5.
Maîtrisez PowerPoint

Une bonne communication verbale et écrite est essentielle. Une bonne communication verbale, écrite et graphique est un atout. Et une bonne communication graphique implique de maîtriser PowerPoint.

C'est l'outil par excellence pour les présentations en comités de direction, et ce dans la plupart des entreprises de la planète. Bien que nous n'allons pas faire un cours de PowerPoint, nous allons cependant souligner quelques principes fondamentaux qui ont tendance à être oubliés et qui rendent moins percutants les messages diffusés.

En premier lieu, votre présentation doit raconter une histoire simple, entièrement basée sur des faits. Essayez de ne pas dépasser 10 diapositives au risque de perdre l'attention de votre auditoire. Gardez un plan simple comme, par exemple : constat chiffré du problème ou de l'opportunité, causes, solution (incluant coût-gain) ciblant des causes précédemment mentionnées, risques de la solution et prévention de ceux-ci, plan d'action.

Ensuite, ne rentrez pas trop dans les détails afin de ne pas trop surcharger les diapositives. Vous pourrez entrer dans les détails lors de la présentation, verbalement, en vous focalisant sur les points clés. Si quelqu'un souhaite plus de précisions sur un point, vous devrez cependant connaître les détails pour pouvoir répondre. Avoir une présentation sommaire ne veut pas dire avoir une connaissance sommaire de son dossier, au contraire : vous devez avoir une solide connaissance de votre sujet, jusque dans les détails.

Soignez la présentation. Si votre société n'a pas de gabarit imposé, préparez le vôtre. Le design doit être sobre : il doit mettre en valeur le contenu et non le noyer. Pensez à la communication d'Apple : du blanc, une photo du produit, un message clé étayé par quelques détails importants. Ce qui est simple et soigné fonctionne en règle générale.

Évitez les contenus susceptibles de fâcher un membre de l'auditoire ce qui ne manquera pas de le transformer en adversaire. Parlez plutôt de résultats en dessous des espérances au lieu de mauvais résultats, de manque de ressources adaptées plutôt que de collaborateurs incompétents... ce qui est politiquement plus correct et moins dangereux.

Lors de votre présentation en public, ne lisez surtout pas le contenu, mais apportez du contenu non visible. Par exemple, si vous montrez une carte de monde avec des chiffres de ventes en croissance, au lieu de lire les chiffres, pointez les pays avec une forte croissance due à des volumes en hausse, ceux avec une croissance imputable à un effet de change, ceux dont la croissance a plutôt été boostée par un nouveau produit, etc. Soyez concis et n'oubliez votre objectif : convaincre d'une opportunité et faire valider votre plan d'action final. Présentez ce plan d'action sous forme de tableau en décrivant les différentes étapes, un timing estimatif sans oublier d'insérer une colonne « approuvé/rejeté », ce qui incitera le management à se prononcer sur chaque action proposée.

J'ai tendance à faire des présentations de 5 ou 6 diapositives que je présente en un maximum de 15 minutes, ce qui laisse du temps pour les questions et discuter des actions. Celles-ci, telles que présentées, peuvent ne pas être approuvées. Gardez donc du temps à l'issue de la présentation pour faire ce travail d'ajustement nécessaire, de manière collective en impliquant les décideurs. Ayant participé à la rédaction des actions, ces derniers peuvent difficilement les désapprouver par la suite. Le tour est joué.

7.6.
Maîtrisez la rhétorique

Si le lecteur est avocat, politicien, philosophe ou amateur de littérature, il saura à quel point la rhétorique, c'est-à-dire l'art de convaincre en public, est une arme puissante. Elle peut consacrer les idées les plus stupides et faire avorter les projets les plus brillants.

Ceci est possible par le fait que la grande majorité des individus basent leurs décisions sur leurs émotions davantage que sur la raison. Utilisée avec bienveillance, la rhétorique vous servira à optimiser vos présentations, vos discours et plus généralement vos interventions en public. Elle constituera également une arme utile contre ceux qui pourraient l'utiliser de manière malveillante, notamment à votre égard ou à celui de votre entreprise. Je vous invite à lire à ce sujet l'excellent livre de Schopenhauer, L'art d'avoir toujours raison, repris dans de nombreux autres ouvrages et vidéos sur le sujet.

Certaines écoles et universités prestigieuses organisent des concours d'éloquence auxquels il peut être instructif d'assister. Elles organisent également des exercices pour leurs étudiants où, après avoir défendu un point de vue, une thèse, ces derniers doivent défendre le point de vue, la thèse, opposé. Le résultat est bluffant.

Les coups tordus auxquels vous devrez vous préparer sont multiples. On peut citer pour commencer le retournement de vos arguments contre vous ou bien l'utilisation d'un simple contre-exemple qui suffira à discréditer votre argumentaire. Votre légitimité, votre expertise peuvent être mises en doute. Vous pouvez être déstabilisé par une diversion, le débat peut être dévié vers un autre sujet plus aisé pour votre adversaire. Vous pouvez aussi vous retrouver déstabilisé par une avalanche de questions diverses. Votre adversaire peut vous pousser à entrer dans les détails pour montrer la complexité de votre projet, trop grande pour permettre de traiter le sujet au cours d'une simple réunion voire pour le traiter tout cours. Vos paroles peuvent être déformées. Vos convictions et vos croyances peuvent être utilisées contre vous. Des phrases ou des bouts de phrases peuvent être sortis de leurs contextes pour vous faire dire l'opposé de ce que vous avez dit, une spécialité des journalistes de 3ème zone. Des doutes peuvent être semés pêle-mêle sur différents points de votre argumentaire afin de le détruire. L'un de vos arguments peut être poussé à l'extrême ou exagéré jusqu'à devenir ridicule. Bref, les moyens de vous atteindre sont multiples.

Vos réalisations, vos résultats seront votre meilleure arme contre ce genre d'attaques. Plus votre crédibilité et votre aura sont importantes dans l'entreprise, plus la direction vous supporte et moins vous serez exposés à des attaques rhétoriques.

Intégrez la rhétorique à votre programme de formation personnelle pour anticiper ces coups et apprendre à les parer, pour optimiser vos techniques de communication mais aussi pour développer vos capacités de négociation.

7.7.
« Je », « nous »

À moins que vous ne deviez donner un avis très personnel sur un sujet, bannissez-le « je » et remplacez-le par le « nous ». Cela va changer bien des choses.

Le « nous » rassure. Un décideur, sauf s'il vous connaît depuis longtemps et qu'au fil des années vous êtes devenu son bras droit, aura davantage tendance à confier un projet à un groupe de personnes plutôt qu'à un individu seul. Miser sur plusieurs chevaux plutôt que sur un seul augmente en effet les chances d'avoir un gagnant. C'est un réflexe naturel de diversification du risque. Ainsi, si vous menez un projet avec une équipe, mentionnez bien le « nous ». Si vous gérez seul le projet, précisez bien avec qui vous allez travailler au sein des différents départements.

Le « nous » entraîne. Vos interlocuteurs se sentent impliqués dans votre projet si vous utilisez le « nous ». Vous brisez en effet une barrière créée par l'usage du « je » et du « vous ». En utilisant le « nous », ils se sentent impliqués dans votre constat, même s'ils peuvent en discuter certains points. Ils se sentent impliqués dans les actions que vous proposez.

Le « nous » initie un sentiment solidaire. « Solidarité » et « solidité » ont la même racine linguistique : en utilisant le « nous », vous donnez une solidité accrue à vos constats et à vos actions. C'est le groupe qui est impliqué et qui est amené à s'impliquer. En cas de réussite, ce sera une victoire collective. En cas d'échec, la responsabilité ne pèsera pas sur un individu précis, mais le sera sur un collectif d'individus, ce qui dilue le risque de chacun et rend ainsi la décision plus aisée. Le groupe dilue le sentiment d'exposition au risque. Le groupe facilite également la collaboration et donc les chances de réussite de votre projet.

En remplaçant le « je » par le « nous », votre communication deviendra plus puissante, plus percutante, plus convaincante. Vous ne serez pas juste un lanceur d'idées, mais un vrai joueur en équipe doublé d'un leader (potentiel) motivé par le succès du collectif.

8.
Les dangers à éviter
et à affronter

Tout au long de ce livre, nous avons évoqué un certain nombre de risques susceptibles de vous empêcher de réussir. Nous revenons ici sur quelques-uns parmi les plus dangereux.

8.1.
Le N+1

Le sujet du N+1 est revenu à de multiples reprises.

Au fil du temps, vous changerez très certainement de supérieurs de nombreuses fois. Et un patron, c'est comme la roulette au casino ou parfois comme la roulette russe. Vous pouvez avoir 5 patrons très bien successivement et tomber sur un 6ème qui voudra votre peau pour des raisons qui peuvent être aussi bien objectives que moins avouables. Il ne faut pas oublier que nous sommes avant tout humains. Notre instinct et nos émotions prennent souvent le pas sur notre raison. Un patron qui ne vous aime pas, parce que vous risquez de lui faire de l'ombre, parce que votre voiture est plus belle que la sienne ou parce que vous n'êtes pas du genre à dire « oui » à tout pourra vous mener la vie dure. Votre carrière peut être brutalement freinée par un patron qui se mettra en travers de votre chemin. Vous risquez même de connaître le chômage s'il parvient à ses fins et à votre licenciement.

Vos meilleures armes préventives sont le respect (au moins en apparence), le travail bien fait, la communication avec votre N+2 et l'ensemble de l'entreprise. Ne vous laissez jamais « enfermer » sous un N+1 car vous pourriez vous retrouver soudainement en grand danger. Tout peut très bien se passer pendant de longues années jusqu'au jour où chacun devra sauver sa peau.

Par ailleurs, il se peut que vous n'ayez jamais le moindre problème avec votre N+1, ce que je vous souhaite. Nous ne parlons que de risques et en aucun cas de certitudes.

8.2.
La dispersion

Comme toute chose, la dispersion est bénéfique en quantité modérée. Elle peut devenir nocive en excès.

Votre temps et votre énergie sont des ressources limitées. Vous ne pourrez pas mener 10 projets efficacement de front simultanément. Vous devrez réduire vos ambitions à court terme, ce qui ne veut pas dire les réduire à long terme. Priorisez vos 10 projets et chaque année prenez-en 2 ou 3 sur lesquels vous donnerez le meilleur de vous-même. Vous augmenterez vos chances de les réussir et sécuriserez les 3 ou 4 prochaines années avec un planning de projets à mener.

Par ailleurs, vous deviendrez plus endurant. Vous ne vous épuiserez pas facilement, vous aurez du temps pour vous détendre, pour apprendre, pour être avec ceux que vous aimez, pour développer des projets ou des centres d'intérêt personnels. Le burn-out ne sera pas pour vous, mais plutôt pour les sprinters qui veulent s'épuiser à la tâche pour briller. Une étoile et un feu de paille brillent tous les 2 dans la nuit. L'étoile dure juste plus longtemps que le feu de paille.

Se disperser de manière mesurée est une bonne chose. Mieux vaut avoir 2 ou 3 projets en même temps sur le feu, l'un pouvant échouer, être abandonné ou retardé. De la même manière qu'il est préférable, par prudence notamment, d'avoir plusieurs sources de revenus ou de diversifier ses investissements.

8.3.
La fatigue

La fatigue est un danger majeur. Fatigué, vous n'êtes plus performant. Il est temps alors de faire une pause pour recharger vos batteries.

D'abord, prévenez la fatigue. Gérez votre temps, maximisez le temps libre et incluez-y du repos, des moments seuls, des moments de silence. Entretenez un sommeil de qualité. Faites de l'exercice, ne serait-ce que de la marche quotidienne. Surveillez votre alimentation sans oublier de vous faire plaisir malgré tout.

Une fois la fatigue présente, n'essayez pas de lutter. Oubliez les 10 cafés quotidiens ou les boissons énergisantes. Vous gagnerez un peu de temps avant l'épuisement, mais risquez de vous prendre un violent effet boomerang. Inutile de lutter et faites plutôt un bon break. Un week-end prolongé face à un petit coup de mou peut aider, 2 ou 3 semaines de congé en cas de grosse fatigue. Profitez-en pour changer d'air et faire un tour en bord de mer ou à la montagne. Personnellement, la côte atlantique me rebooste en une semaine. Gardez un œil sur vos mails, juste au cas où une urgence ou un sérieux imprévu se produise en votre absence. Gardez un œil ne veut pas dire y répondre. En dehors des urgences, profitez de vos congés et répondez à vos emails à votre retour, pas avant.

La fatigue est une ennemie redoutable. Elle affecte votre capacité de jugement, vous pousse à commettre des erreurs, vous rend plus facilement irritable et dégrade vos qualités relationnelles. Beaucoup de ceux qui ont trop lutté contre la fatigue ont connu le burn-out au lieu du succès.

Beaucoup parmi ceux qui réussissent ont des journées bien structurées pour éviter la fatigue et rester endurants. Sommeil de qualité, journée bien organisée, temps personnel préservé… font partie d'un mode de vie qui contribue au succès.

8.4.
Les promesses non tenues

Ne pas tenir une promesse peut vous faire perdre toute crédibilité, quelle que soit l'excuse par laquelle vous chercherez à vous justifier. L'homme qui ne respecte pas ses paroles est un homme aux paroles creuses. C'est un homme creux, vide et qui ne se respecte pas lui-même.

Il est essentiel de gérer les attentes de vos interlocuteurs. Ne promettez que ce que vous êtes certain de pouvoir délivrer. Si vous ne pouvez pas promettre que tel projet sera achevé au 30 septembre, vous pouvez toujours promettre à votre interlocuteur que vous ferez de votre mieux pour y parvenir, mais en insistant sur le fait que malgré cela vous n'êtes pas en mesure de le garantir. Préférez ainsi la transparence, l'honnêteté. Sur la durée, vous y gagnerez.

Un bon professionnel est motivé par le résultat. Ses engagements, tout comme la qualité de son travail, doivent être fiables. Un bon professionnel est crédible.

8.5.
Soi-même

Le plus grand danger dans cette histoire n'est pas votre N+1. Ce n'est pas non plus la fatigue ni la dispersion, mais... vous !

Pour survivre et réussir, vous devrez lutter contre vous-même en permanence.

D'abord contre vos démons intérieurs comme la peur, l'envie ou la jalousie. La première vous paralysera ou vous freinera, vous empêchant d'agir. La deuxième, l'envie, peut vous aider à déterminer des objectifs à atteindre. L'envie peut également devenir une source de frustration, de rancœur : dans ce cas, au lieu de chercher à vous fixer des objectifs pour mieux les atteindre, vous vous fixerez des rêves et imaginerez toutes sortes d'histoires pour les rendre inatteignables. Vos échecs seront la faute des riches, des politiciens, d'un virus... bref, de tout le monde sauf de vous-même. La jalousie vous rendra toxique, y compris pour vous-même. Si la bienveillance vous aidera à progresser efficacement, la jalousie, elle, vous isolera et vous poussera à des actions, à des paroles malveillantes. Le voisin a une voiture qui vous fait envie ? Réfléchissez plutôt comment vous pouvez vous l'offrir plutôt que dégoiser sur votre voisin.

Ensuite, les addictions sont dangereuses. Certes, tout le monde pense immédiatement aux addictions comme l'alcool ou la drogue. Cependant beaucoup d'autres addictions existent et vous empêchent de progresser efficacement : la nourriture, le sexe, la célébrité, le pouvoir, les jeux vidéo, les séries TV, les réseaux sociaux... Comme en tout, les excès sont dangereux ce qui ne veut pas dire se priver à condition bien sûr que cela soit légal. Les dépendances vous empêchent de garder le contrôle absolu sur vous-même et absorbent votre temps, votre argent, votre énergie, bref tout ce dont vous avez besoin pour réussir.

Enfin, votre éducation, vos croyances, vos convictions peuvent s'avérer dangereuses. Beaucoup d'entre nous font les choses de manière automatique, sans vraiment y penser. À la question « Pourquoi ? », la réponse ressemble en général à : « C'est comme ça », « On a toujours fait comme ça », « C'est la tradition » ... Mais peu sont capables d'expliquer d'où vient la tradition. Beaucoup répètent comme des perroquets des propos qu'ils ont entendus ou lus sans savoir de quoi ils parlent. Certains propos sont même imposés par la masse ignorante et celui qui tenterait d'avoir une opinion différente, aussi vraie soit-elle, serait immédiatement mis au ban de la société. Pour cela, apprenez. Apprenez en permanence. Intéressez-vous aux aspects techniques de votre métier, mais aussi à la science, à la philosophie, à l'histoire, à la psychologie, aux arts... Confrontez les points de vue, y compris les moins populaires, essayez d'en comprendre les origines et faites-vous votre opinion. Comprendre le comment des choses est important. En comprendre le pourquoi est encore plus important.

Nos parents nous enseignent souvent des principes qu'ils pensent bons. Certains le sont. D'autres sont bloquants pour réussir. Comment réussir lorsque l'on croit que les riches sont tous ignobles, que l'ambition est condamnable, que chercher à réaliser ses rêves est fait pour les idiots, que prendre des risques même calculés est une folie ? Il faut donc apprendre à trier entre ce qui est bon et ce qui ne l'est pas pour nous. Ce n'est pas parce que tout le monde fait ou pense d'une certaine manière que cela est juste. Si c'était vrai, la Terre serait encore plate et voyager à plus de 5 km/h nous rendrait gravement malades. Tiens, une application de rhétorique !

En plus des démons intérieurs, des addictions, de certains principes d'éducation et de convictions nocives, le dernier grand danger est de ne pas vous aimer vous-même. Rien ne vous oblige à vous aimer tel quel et rien ne vous oblige à rester tel quel. Gardez et entretenez vos points forts, ceux que vous aimez. Travaillez et modifiez les traits de votre personnalité avec lesquels vous ne vous sentez pas à l'aide. Vous vous sentez trop gros ? Prenez soin de vous et réappropriez-vous votre corps en faisant du sport, en adaptant votre alimentation. Faites-vous aider par des pros si besoin. Vous traînez et stagnez dans votre job, cela vous lasse ? Agissez. Que voulez-vous faire ? Fixez-vous des objectifs et élaborez un plan pour y parvenir. Vous êtes drogué aux séries TV ? Fixez-vous un moment chaque semaine pour votre série ou bien, une fois un projet mené avec succès, offrez-vous le coffret d'une série. Votre chevelure ne ressemble à rien ? Allez faire un tour chez le coiffeur. Vous vous trouvez moche ? Allez voir un spécialiste du relooking, vous pourriez être complètement surpris du résultat. Bref, les solutions ne manquent pas aux problèmes surtout à l'époque d'Internet.

Nos petits démons sont en nous et font partie de nous. Laissez-les s'exprimer, pas vous dominer.

8.6.
Le non-respect des codes éthiques

Une règle d'or : faites votre travail et menez vos projets avec intégrité. Sans faillir.

Il peut être tentant d'utiliser sa position pour obtenir certaines faveurs, arrondir ses fins de mois, maquiller certains chiffres pour accélérer un bonus ou une promotion. Mais attention, une facture particulièrement salée pourrait bien vous être présentée. Vous pouvez risquer un avertissement ou un blâme certes. Vous pouvez dans certains cas perdre votre job, être poursuivi y compris au pénal, voire pire. Votre vie peut virer à l'enfer sur Terre pour un gain qui en vaut rarement le prix à payer.

Soyez toujours transparent avec vos chiffres, vos sources, vos calculs. Gardez soigneusement, idéalement sur un serveur, vos fichiers de travail, vos documents sources. Utilisez au maximum dans vos feuilles de calculs des formules permettant, à partir des données sources de retracer le cheminement jusqu'à vos résultats finaux. Ne cachez pas l'incertitude sur des chiffres et, au lieu de présenter un chiffre unique, présentez un intervalle borné par le scénario pessimiste et le scénario optimiste. N'enjolivez jamais vos chiffres pour stimuler votre bonus annuel ou pousser une prise de décision. Si certains maquillent leurs chiffres, parfois avec un véritable sens artistique, gardez vos distances et interdisez-vous ce type de pratiques.

Ne mentez pas à votre direction et n'omettez pas d'éléments susceptibles d'influencer ses décisions.

Condamnez toute forme de harcèlement, qu'il soit moral ou sexuel. Si vous souhaitez vous séparer d'un collaborateur incompétent, à la source d'erreurs graves ou d'un comportement inapproprié, ne le harcelez pas, restez factuel, objectif, courtois tout au long du processus de licenciement. Vous rêvez d'une romance avec quelqu'un de votre équipe ? Si la personne refuse, le harcèlement ne sera pas la solution et un tel comportement vous expose à de graves sanctions. Si la personne accepte, pensez au risque que votre relation se détériore et quelles conséquences cela pourrait avoir sur votre relation professionnelle. Inversement, si vous devez blâmer sur le plan professionnel votre partenaire, comment évoluera votre relation personnelle ? Tout ceci est à bien peser avant de donner cours à vos élans amoureux : vous risquez de perdre sur les tableaux personnel et professionnel. Préférez les relations avec une personne d'un autre département ou avec laquelle vos interactions professionnelles ne risquent pas de générer de conflit.

Fuyez également le favoritisme et tous les comportements susceptibles d'apporter des avantages à certains au prix de la frustration des autres. Ne vous créez pas d'animosités inutiles.

Fuyez la corruption, les dessous-de-table et autres petites enveloppes. Ce sont des engrenages dangereux qui brisent ceux qui se font prendre, parfois leurs familles, et génèrent une angoisse sans fin pour ceux qui ne se font pas prendre. C'est un jeu dangereux, type roulette russe.

Votre réputation est un atout crucial. Il vous faudra des années pour la construire. Quelques instants peuvent suffire à la détruire. Entretenez-la soigneusement au moyen de résultats tangibles, obtenus avec intégrité et éthique.

8.7.
Surveillez votre entourage
comme le lait sur le feu

Dans l'entreprise, ne faites confiance à personne. Gardez toujours un œil ouvert. Laissez toujours traîner une oreille.

Restez à l'écoute des rumeurs, notamment celles vous concernant. Au-delà des rumeurs qui peuvent être à l'origine d'opportunités, soyez vigilants aux rumeurs malveillantes à votre encontre. Il faudra souvent y couper court rapidement, faits à l'appui. Si, par exemple, des rumeurs courent sur le fait que vous trafiquez vos chiffres, montrez, chaque fois que le pouvez, comment vos chiffres sont produits au travers d'exemples concrets. Montrez comment vos sources sont tracées, documentées, montrez comment les calculs sont établis, montrez comment les données sont en libre accès sur le serveur de l'entreprise, montrez en fin de compte que votre travail est 100 % auditable par n'importe qui, n'importe quand. Les faits devraient être suffisants pour couper court à la rumeur.

Certaines rumeurs peuvent être des plus graves. Si des rumeurs courent à votre sujet concernant par exemple des cas de fraude ou de corruption, vous ne devez montrer aucune tolérance et demander une investigation auprès de l'audit interne ou des ressources humaines.

Il paraît que vous allez être muté dans un « placard » ? Allez voir votre N+2 pour vérifier si la rumeur est exacte et faire part de votre incompréhension. Il est possible qu'il soit encore plus surpris que vous de cette information. De même, si vous avez eu écho de votre prochain licenciement, de la promotion d'un tel à un poste pour lequel vous êtes objectivement plus qualifié.

Être au courant des rumeurs suppose, encore une fois, que vous ayez un bon réseau interne. Très souvent, votre interlocuteur commencera par « Je ne devrais pas te le dire, mais... » pour finir par « Mais je compte sur toi pour ne rien dire à personne. C'est un secret que je n'étais pas supposé partager avec toi ». Votre réseau sera d'autant plus efficace que vos connexions sont nombreuses, que les gens qui ont travaillé avec vous gardent un bon souvenir de votre collaboration, que vous êtes apprécié.

Ces secrets partagés de manière bienveillante avec vous ont un revers. Les secrets que vous partagez risquent de se retrouver révélés à leur tour. Parfois, juste un oubli de votre interlocuteur concernant sa promesse de garder la chose secrète et votre secret se retrouve éventé. Soyez donc très prudent et, de manière générale, comme une éponge, gardez les secrets que l'on vous confie pour vous (ce qui renforcera votre réputation de fiabilité), gardez vos secrets pour vous (seul) et restez à l'écoute des autres secrets secrètement partagés.

Rappelez-vous enfin : toute information doit être croisée, vérifiée à moins de provenir d'une source à la fiabilité incontestable. Ce conseil vaut aussi, et tout particulièrement, pour les rumeurs.

9.
Vers l'indépendance

Certains lecteurs vont trouver que je me répète et ne leur dirai qu'une chose : c'est volontaire. Répéter les choses aide à les mémoriser.

Et je répéterai que le contenu de ce livre n'est qu'une sélection, et donc en aucun cas un recensement exhaustif, de leçons que j'ai personnellement tirées de mon expérience personnelle. Il ne s'agit en aucun cas d'une recette universelle du succès ni d'une quelconque solution miracle pour réussir. Et ce qui marche pour moi peut ne pas marcher pour vous et inversement.

J'ai réussi à protéger ma position en entreprise, à progresser et à multiplier significativement mon salaire en quelques années. Ma position est relativement bonne et mon risque de me retrouver au chômage plutôt faible (tout l'opposé de ma situation 15 ans plus tôt). Ce risque n'est pas nul pour autant, surtout à long terme, et aussi longtemps que je serai salarié, ce risque existera. Un nouveau patron qui ne m'apprécie pas, une future erreur coûteuse que l'on ne me pardonnera pas... les causes potentielles sont multiples.

Si j'ai pu comprendre une chose fondamentale, c'est qu'il est nécessaire de multiplier les sources de revenus et de ne pas miser uniquement sur son salaire, quelles que soient mes réalisations et les positions atteintes. Si je perds mon job, de quoi vivrai-je ?

Les retraites que la plupart des états et fonds de pension risquent de ne pouvoir honorer convenablement, les risques d'accidents de la vie, les dépenses imprévues de tout genre... font qu'il est prudent de multiplier les sources de revenus et de ne pas tout miser sur son salaire et la retraite attendue par la suite.

Dans ce livre, je partage avec vous comment j'ai rendu mon job plus sûr, plus durable et mieux payé. Les surplus de temps et d'argent économisés me permettent, chaque mois, de me consacrer à des activités nouvelles, dont l'écriture, tout en développant mon indépendance financière.

Chaque mois, je gagne ainsi toujours un peu plus de sérénité. Ma carrière peut dorénavant s'arrêter à tout moment sans que je me retrouve en difficulté majeure comme il y a quelques années.

Mes compétences et mes réalisations sont connues dans mon secteur professionnel, dans un certain nombre de pays : j'ai pu me positionner parmi le 1 % des professionnels les plus performants de ma profession. Plusieurs sociétés parmi les plus grandes du classement Fortune 500 m'ont proposé de les rejoindre si mon employeur actuel n'était plus satisfait de moi ou si je n'en étais plus satisfait.

Le temps que j'ai libéré m'a permis de développer un projet d'investissement personnel et de me consacrer à l'écriture, ce qui m'assure une occupation.

Vous devez vous voir comme un investissement et investir en vous-même. Et tout investisseur investit dans plusieurs actifs. N'investissez donc pas tous vos efforts dans votre emploi salarié.

Pour cela, voici quelques idées de pistes.

9.1.
Travailler moins, gagner plus

Optimiser son temps pour en avoir plus est une des clés du succès. Gaspiller son temps en heures supplémentaires non rémunérées est une aberration. 2 heures supplémentaires par jour diminuent votre salaire horaire moyen. Des cadres effectuant des heures supplémentaires en nombre se retrouvent parfois avec un salaire horaire inférieur à celui d'une caissière : pourquoi ne pas être caissier dans ce cas ? 2 heures supplémentaires par jour, c'est 10 heures par semaine, 40 par mois et sur 11 mois 440 heures, soit 22 journées par an, quasiment 1 mois travaillé gratuitement. Sans compter qu'ainsi vous vous bradez et perdez d'autant plus votre crédibilité. Ce que ne font jamais les vrais professionnels. Les consultants de haut niveau, les avocats, les médecins, les chefs cuisiniers vous feront payer à juste prix tout travail supplémentaire. Et s'ils vous font un cadeau, ne vous en faites pas : ils savent qu'ils se rattraperont plus tard.

Votre patron vous exploite et vous n'avez plus de temps pour vous ? D'abord, faites le bilan. Combien coûtez-vous à votre patron ? Ensuite, combien lui rapportez-vous ? Les patrons exploitent rarement les bons investissements. Au contraire, ils tendent à les chouchouter à condition bien sûr que ceux-ci ne tirent pas trop sur la corde. Celle-ci, trop sollicitée, peut en effet finir par casser.

Si vous rapportez 500 000 dollars de profits par an à votre patron et que celui-ci refuse de vous payer davantage que le salaire minimum, alors changez de patron. Comparez-vous au marché de l'emploi : combien valez-vous sur le marché ? Si vous êtes bien plus profitable que la plupart de vos homologues sur le marché, vous ciblez alors la fourchette supérieure des salaires. Vous pouvez alors faire un bilan personnel : votre salaire actuel, vos réalisations (chiffrées) et la fourchette des salaires du marché. Si votre entreprise ne peut - ou ne veut - rien faire, ne dites rien et cherchez discrètement un nouveau poste, plus rémunérateur.

Avec ce temps libre, en plus de vous former, de vous reposer, d'être avec vos proches, vous pourrez développer des activités complémentaires. Certaines de ces activités vous conduiront sur le chemin de la liberté financière. Si vous avez du temps, une capacité d'épargne accrue et le bon état d'esprit, vous avez les cartes en main pour réussir sur ce chemin.

9.2.
Devenir libre intellectuellement, prendre du recul

Être indépendant n'est pas seulement une question financière. C'est aussi une question intellectuelle.

L'être humain a tendance à suivre les mouvements de masse, y compris les modes, les opinions jusqu'aux tics de langage. Ce n'est pas une tare. C'est juste notre nature profonde. Nous sommes faits ainsi. Cependant, il arrive que dans certains cas la masse coure à la catastrophe. L'exemple des crises boursières est excellent à ce titre. Des masses d'investisseurs individuels, souvent inexpérimentés dans la finance, juste guidés par des émotions, la cupidité et la peur de rater une opportunité unique, se ruent sur les marchés, faisant flamber les cours avant le crash qui provoquera bien des ruines et des drames personnels.

C'est pour cela qu'avant de suivre une opinion de masse et de répéter à la façon d'un perroquet les propos d'un journaliste de trottoir, même œuvrant pour un média renommé, vous devez vous faire votre propre opinion. Comparez les points de vue y compris les points de vue jugés extrêmes par la majorité. Creusez les arguments de chacun et étudiez ce sur quoi ils reposent (chiffres, faits historiques ou simples propos démagogiques lancés à la volée). Lisez, analysez, étudiez les sources, comment les chiffres sont établis, sur quelles bases, d'où vient le problème... Analysez les tendances, les données historiques sur le long terme, les cycles. Internet offre une multitude de sources d'information que vous pourrez aisément confronter.

C'est ce qui m'a permis de mettre en place des stratégies innovantes dans mon métier et d'y réussir, alors que personne quasiment n'y croyait il y a quelques années. Tous suivaient les opinions globalement partagées de prétendus experts et de journaux dont les articles reprenaient les avis de ces derniers. J'ai juste étudié l'histoire de mon secteur d'activité et les cours des matières premières depuis sa création, ce qu'aucun de ces faux experts n'avait fait visiblement. Quelques livres et quelques séries de statistiques collectées sur Internet m'ont permis de comprendre ce que les experts ne comprenaient pas (et ne comprennent toujours pas) puis de réaliser plusieurs centaines de millions de dollars de valeur ajoutée là où ces experts échouaient à faire ne serait-ce que 1 dollar.

9.3.
Devenir expert consultant
ou enseignant

Si vous êtes bon dans votre domaine, vous pouvez vendre des heures d'expertise en tant que consultant. En plus de revenus complémentaires, vous pouvez augmenter votre notoriété et votre expérience.

Vous pouvez vous faire connaître via un site web, des conférences, des articles, une chaîne YouTube ou bien juste miser sur vos contacts ou des opportunités existantes. À vous de voir. Créer son entreprise vous apprendra beaucoup de choses nouvelles et souvent passionnantes : processus de création d'une entreprise, aspects comptables et fiscaux, communication...

Il vous faudra cependant prévoir suffisamment de temps pour cette nouvelle activité, qui peut être un échec, un succès voire le commencement d'une nouvelle de vie. Soyez prêt à perdre votre capital investi. Si vous réussissez, tant mieux. Si c'est le jackpot, c'est encore mieux. Si vous échouez, vous aurez perdu votre capital, mais aurez acquis une expérience unique et de nouvelles compétences qui vous serviront tout le reste de votre vie et très probablement pour un futur projet. Vous aurez perdu au pire un peu de capital, mais aurez réalisé un superbe investissement en vous-même.

Avant de vous lancer, vérifiez que vos activités de conseil ne soient pas en conflit d'intérêts avec votre poste salarié. En règle générale, évitez de travailler pour des sociétés en relation directe ou indirecte avec la vôtre. Si vous avez un doute, relisez votre contrat de travail, contactez votre département des ressources humaines, voire un avocat, pour obtenir conseil et ainsi ne pas mettre en jeu votre poste. Faites également appel à un comptable pour vous assister non seulement sur les aspects comptables, mais également sur la création de votre entité ou encore la fiscalité. Enfin, ne vous dévalorisez pas en proposant vos prestations à des tarifs trop bas.

Vous pouvez également, si votre expérience et vos qualifications le permettent, enseigner. Soit comme professeur si vous avez les diplômes requis soit comme intervenant extérieur. Dans les 2 cas, vous devrez faire face souvent à une charge de temps peu ou mal rémunérée pour préparer vos cours ou corriger des copies. Hormis certains intervenants renommés ou considérés comme de haut niveau, vous gagnerez généralement peu via l'enseignement. Cependant, cette option peut vous faire connaître et être un bon tremplin pour faire du consulting ou écrire des ouvrages de référence pour les étudiants et les professionnels qui souhaitent se former.

9.4.
Transformer votre salaire en actifs

Ce n'est pas forcément la meilleure option, mais c'est ma préférée.

Mon mode de vie est relativement simple et en augmentant mon salaire significativement j'ai augmenté fortement ma capacité d'épargne mensuelle. J'ai gardé par ailleurs un train de vie simple, mais confortable, sans attrait particulier pour le luxe ce qui accroît d'autant plus ma capacité d'épargne.

Certains utilisent leur capacité d'épargne pour consommer ou rembourser des crédits pour la maison ou la voiture de leur rêve. Ils achètent des passifs et s'appauvrissent. D'autres investissent dans des actifs, c'est-à-dire des biens ou des titres qui créent de la richesse, en prenant de la valeur et/ou en générant naturellement des revenus complémentaires. Ils achètent des actifs et s'enrichissent.

Investir dans des actifs, notamment financiers, impose de se former au préalable. Se former ne veut pas dire avoir un master en finance, mais une réelle culture financière acquise en apprenant auprès de ceux qui ont réussi et savent transformer un investissement en succès. Sans formation préalable, vous augmentez considérablement les risques de faire les mauvais choix d'investissement, mais vous prenez également le risque que vos gains soient (sévèrement) rongés par les commissions parfois énormes prises par de nombreuses banques, fonds d'investissement et autres intermédiaires.

Par ailleurs, les conseillers financiers sont souvent de simples commerciaux qui mettent en avant les produits sur lesquels leurs marges sont les plus fortes. Cela ne garantit en rien que ces produits à forte marge pour eux soient à forts gains pour vous. De nombreux fonds d'investissement réalisent de belles performances brutes. Cependant, une fois payées les commissions diverses (frais de gestion, frais d'intermédiation, droits de garde...), les cotisations sociales et les taxes, la performance réelle fond comme neige au soleil.

Des études ont par ailleurs établi que la performance de fonds réputés, sur la durée, dépassait rarement celle des indices. Les commissions proposées par les fonds indiciels (« ETF ») étant généralement bien plus faibles que celles des banques et autres fonds d'investissement traditionnels, les investisseurs peuvent trouver au travers de ces fonds indiciels un levier de performance compétitif. L'achat et la vente de tels fonds via des courtiers en ligne à tarifs réduits permettent d'ajouter un second levier de performance et ainsi d'augmenter vos gains potentiels en économisant sur les frais de gestion et les commissions.

Les principes de diversification sont importants. Certaines règles sont à suivre et à ajuster en fonction de votre appétit pour le risque. Diversification géographique, par type d'actifs, par secteur d'activité, par pourcentage maximum par ligne dans votre portefeuille, par type de contreparties... sont autant d'éléments à bien peser avant de se lancer.

Les intérêts composés sont également un ami formidable. 1 dollar à 10 % par an, performance que certains indices peuvent aisément faire en bonne période de conjoncture, peut ainsi devenir 2,5 dollars au bout de 10 ans, 6,7 dollars en 20 ans et 17,4 dollars en 30 ans. Faites ainsi le calcul si vous épargnez 100 dollars par mois, 500 dollars, 1'000 dollars ou plus. En progressant dans l'entreprise, en augmentant votre salaire, vous augmentez votre capacité d'épargne et rendez possibles des perspectives de fortune de plus en plus fortes. Vous vous rendez compte alors que l'indépendance financière devient possible. Plus vous avancez sur cette voie, moins le risque de chômage vous fait peur, moins le risque d'une retraite insuffisante vous fait peur : vous gagnez en indépendance, mais aussi en confiance en vous-même.

Le temps que vous pouvez libérer vous aidera à vous former. C'est aussi pour cela que nous avons insisté souvent tout au long de ce livre sur la nécessité de libérer du temps pour soi. Investir dans des actifs, sans formation, est dangereux. Je vous recommande vivement d'investir d'abord dans votre culture financière et seulement ensuite de réaliser vos investissements en actifs financiers. Vous apprendrez par exemple que les ETF ne sont généralement pas des paniers reflétant un indice, mais une reproduction d'un indice. Il est en effet difficile de revendre les milliers de parts de titres utilisés par exemple pour les indices mondiaux et certaines « astuces » sont donc mises en place par les ETF, non sans risque. Il vous faudra également apprendre certains marchés comme celui des métaux précieux, notamment l'or et l'argent. Et bien entendu, il vous faudra aussi vous former à la fiscalité pour ne pas perdre vos gains en impôts que vous auriez pu (légalement) éviter. En résumé, ce n'est pas un apprentissage à la légère qui vous attend, mais un réel apprentissage, en profondeur.

N'oubliez jamais les efforts, le temps, les difficultés que vous avez dû surmonter pour épargner. Moins vous êtes formés, plus vous augmentez votre risque de perdre ce que vous avez durement gagné. Moins vous êtes formés, plus vous augmentez votre risque de tout perdre.

9.5.
Développer un projet personnel
autour d'une idée ou d'une passion

Quand je regarde YouTube, le nombre de vidéos faites par des passionnés est juste incroyable. Automobile, histoire, animaux, modélisme, cuisine, jardinage, horlogerie, œnologie, peinture, sculpture, philatélie... il y en a pour tous les goûts. Beaucoup après quelques vidéos ont même développé des chaînes qui réalisent parfois un nombre de vues absolument gigantesque et qui peut générer des revenus complémentaires. Si vous avez une passion, pourquoi ne pas vous lancer dans ce genre d'aventures ? Vous vous ferez plaisir, découvrirez un nouvel univers et, pourquoi pas, pourrez en tirer un complément de revenu.

Vous n'êtes pas doué pour faire des vidéos sur YouTube ? Regardez les chaînes à succès. Les vidéos sont souvent bien faites. Regardez en particulier les premières vidéos postées sur ces chaînes et souvent vous verrez que les débuts étaient hésitants. C'est normal. Comme pour tout, il y a un effet d'apprentissage.

Vous pouvez également enseigner, être animateur ou bénévole dans une association, vous investir dans une cause qui vous tient à cœur. Dans ce cas, souvent vous ne tirerez pas de revenu complémentaire, ou bien faible, mais vous développerez le sentiment d'être utile, d'apporter quelque chose aux autres. Évoluer dans un autre milieu que votre univers professionnel habituel, même sans contrepartie financière, peut vous apporter une immense source de satisfaction.

Vous pouvez écrire des ouvrages, créer des œuvres d'art, cuisiner, vendre des prestations de conseil, de design ou des dessins, dessiner des bandes dessinées, proposer des prestations de bricolage, d'aménagement d'intérieurs ou d'extérieurs, développer des applications informatiques, créer un club de sport, créer des jeux de société... les options sont innombrables.

En libérant du temps, en augmentant votre capacité d'épargne, et par conséquent le capital que vous pourrez mettre sur la table pour vous lancer, vous rendez ce type de projets de plus en plus accessibles et réalisables.

Et si cela ne marche pas ? Là aussi, vous aurez perdu votre capital, mais vous aurez certainement pris beaucoup de plaisir à tenter l'aventure. Sans compter tout ce que vous aurez appris et qui vous aura renforcé. Et rien ne vous empêche de retenter l'aventure un peu plus tard, fort des leçons tirées de vos erreurs.

Dans tous les cas, vous vous faites plaisir et c'est fondamental. Si l'argent est au rendez-vous, tant mieux. Mais, quelle qu'en soit l'issue, vous ne ferez pas partie de ces personnes qui regrettent à la fin de leur vie de ne pas avoir essayé.

En écrivant ce livre, je me dis : si ce livre peut aider au moins une personne à ne pas perdre son job, à gagner plus, à gagner en sérénité et à devenir heureuse, alors j'aurais atteint mon objectif. J'aurais été utile à quelqu'un même si au final je perds du temps et de l'argent. Et si le temps et l'argent investis me rapportent, alors tant mieux.

9.6.
Le trading

Le trading est un domaine passionnant et qui souvent fascine.

La richesse, avec le trading, n'a jamais été aussi proche. Elle est à portée de clic. Une vie de rêve, facile et confortable devient enfin accessible. Une dure vie de labeur peut ainsi se transformer en vie féerique. Et la multitude d'experts improvisés (pour rester poli), expliquant sur fond de luxueuses voitures qu'en quelques jours, voire en quelques heures, le trading est à la portée de tous, tout comme les célèbres films autour de Wall Street, entretient le mythe.

Si le coup de maître qui vous apporte la fortune est possible, il ne touche qu'une très infime minorité des traders, aussi bien professionnels qu'amateurs. Et pour ces derniers, les gains sont souvent modestes et les pertes, voire la ruine, fréquentes.

Trader n'est pas un simple hobby contrairement à une idée reçue. Il ne suffit pas de lire 2 livres, de regarder 10 vidéos sur YouTube, d'acheter une station de trading et d'ouvrir un compte en ligne chez un courtier en ligne pour réussir. Non. C'est un art qui requiert une solide, une très solide formation préalable. Si les traders professionnels sont généralement issus des meilleures écoles de commerce et d'ingénieurs de la planète, ce n'est pas un hasard. Et, pour casser un mythe de plus, la plupart d'entre eux ne gagnent pas non plus des millions en bonus par an. Là encore, il ne s'agit que d'une très faible minorité.

Comme pour votre métier et la gestion de votre carrière, vous devez donc vous former. Vous pouvez commencer par quelques vidéos en ligne, mais rapidement vous devrez dévorer de nombreux livres et très probablement suivre un cursus de formation. Que ce soit pour les vidéos, les livres et surtout votre formation, privilégiez les contenus rédigés par des professionnels reconnus, ayant une réelle expérience du trading notamment chez des courtiers ou au sein de banques de premier plan.

Et la formation sera longue, surtout si votre formation initiale est éloignée de la finance. Vous devrez en effet non seulement vous former au trading, mais également comprendre les fondamentaux économiques, être capable de déterminer si le cours d'une société est juste, sur ou sous-évalué, maîtriser les bases de la gestion des risques... Vous devrez même acquérir certaines bases juridiques pour mieux comprendre l'environnement dans lequel les marchés évoluent, mais aussi pour mieux apprécier les risques auxquels vous êtes exposés au travers du contrat que vous signez avec votre courtier ou votre banque.

Et il vous faudra aussi vous former à la psychologie, notamment à la psychologie des foules, à la psychologie de l'investisseur et plus généralement à la finance comportementale. Vous devrez en effet comprendre les effets d'emballement des marchés, souvent qualifiés d'irrationnels, mais qui ont au contraire des explications très rationnelles. Vous devrez aussi apprendre à dominer vos propres émotions. Dominer vos émotions face aux fluctuations de cours, face aux masses d'informations parfois contradictoires vous parvenant, face au risque, face aux effets de groupes notamment dans le cadre du trading social. Vous devrez apprendre à résister aux discours, parfois très convaincants, des vendeurs d'opportunités du siècle pour devenir riche. Vous devrez apprendre à résister face à vous-même, face à la solitude, face aux longues périodes d'inaction faute d'opportunité de trade, face à une opportunité, face à un gain ou face à une perte. Votre préparation psychologique sera déterminante. Votre mental doit être en acier.

Vous serez probablement amené à vous orienter vers un type de trading. Scalping, swing trading, trading de tendances... les options sont multiples et supposent des savoir-faire spécifiques. Ensuite, quel type de produits voulez-vous trader ? FOREX, actions, options avec ou sans effet de levier, or, argent, crypto-actifs, pétrole, matières premières agricoles, indices... Là aussi, il vous faudra y réfléchir sérieusement. Il est essentiel de comprendre ce que vous serez amené à trader afin d'élaborer une vraie stratégie.

Il vous faudra apprendre les fondamentaux de la gestion des risques. Tout d'abord pour optimiser la structure de votre portefeuille afin de le rendre moins risqué sans pour autant perdre de vue vos objectifs de performance. Fixer les limites de positions, analyser les corrélations entre actifs... sont des points fondamentaux à ne pas prendre à la légère. Il vous faudra également vous fixer des règles tant pour l'achat que pour la vente et envisager des stop loss. Certains outils peuvent vous assister dans ce domaine de la gestion des risques, mais ils ne vous dispensent pas d'en maîtriser les fondamentaux.

Même si le trading diffère fortement de l'investissement, conserver à l'esprit les fondamentaux de l'investissement aide à garder les pieds sur Terre. Êtes-vous prêts à spéculer sur l'action d'une société qui perd de l'argent depuis 5 ans, qui n'offre pas de perspective de profit et dont le cours ne cesse pourtant de monter ? Combien êtes-vous prêts à mettre sur la table pour ce titre ? Combien êtes-vous prêt à perdre ?

Viendra également la question avec qui travailler ? Votre banque ou un courtier ? Si vous achetez des produits structurés, quels fonds choisir ? Si les taux de commissions sont essentiels à prendre en compte, n'oubliez pas de lire soigneusement le contrat dans son intégralité. Ce que très peu font. Ce que beaucoup regrettent (généralement trop tard).

Et une fois encore, le trading n'est pas un jeu. Le marché est par nature incertain. Essayer de le prévoir est une gageure. Il est souvent plus judicieux de juste prendre en compte l'incertitude, c'est-à-dire le fait que tout peut arriver, plutôt que d'essayer de prévoir ce qui peut arriver. En face de vous, vous aurez une multitude de traders amateurs ou débutants. Vous aurez également une multitude de professionnels aguerris, assistés de systèmes capables de réagir à la nanoseconde et d'équipes d'analystes chevronnés. Vous ne pèserez rien face à eux et encore moins face à un marché qui fonctionne sans la moindre émotion.

Si le trading vous intéresse, lancez-vous, mais seulement de manière réfléchie et une fois formé. N'y allez pas la fleur au fusil ou pour jouer comme au casino. Le trading, comme l'investissement, comme n'importe quel métier, est une activité professionnelle qui comporte d'énormes risques. Veillez à ne pas agrandir la longue liste des traders amateurs qui ont perdu leur mise ou parfois beaucoup, beaucoup plus.

9.7.
L'immobilier

L'immobilier, tout comme le trading, n'est pas une aventure dans laquelle il faut s'engager à la légère. Réussir ses investissements dans l'immobilier nécessite de la préparation, de la formation, de l'expertise.

L'immobilier peut vous aider à constituer un patrimoine et une source de revenus significatifs grâce à un puissant effet de levier. Les risques sont également nombreux. De l'investissement dans une mauvaise zone géographique, au bien de mauvaise qualité nécessitant des travaux lourds, au locataire défaillant en passant par les risques fiscaux ou liés à la conjoncture économique, vous devez prendre en compte une multitude de facteurs dans votre business plan avant de vous lancer. Faute de quoi, le fruit de vos économies, c'est-à-dire de mois ou d'années de travail, risque de partir en fumée ou pire.

Une fois que vous avez un apport significatif et la capacité de financer l'achat d'un bien, où acheter ? D'abord dans une zone où la revente sera aisée, c'est-à-dire dans une zone où la demande est naturellement forte (quartier demandé, bonnes écoles, proximité des transports collectifs, tissu économique dynamique, fiscalité locale raisonnable...). Identifiez également tout ce qui pourra contribuer à augmenter l'attrait de cette zone comme l'implantation à proximité de nouvelles entreprises, de centres de recherche, la création de nouvelles dessertes de transports collectifs ou encore des travaux d'embellissement prévus par la municipalité. Et identifiez tout ce qui pourra diminuer l'attrait de cette zone comme les fermetures ou les délocalisations d'entreprises, la hausse de la délinquance locale, le délabrement progressif du quartier ou une augmentation significative de la dette municipale.

Le bien, une fois l'environnement évalué et correct, doit présenter un bon état intérieur et extérieur. Pour dire les choses simplement, il doit faire envie. Identifiez les problèmes en cours ou potentiels en épluchant les rapports des réunions de copropriétaires, en faisant appel à un architecte ou à un spécialiste du bâtiment pour vérifier l'état du bien et éviter de se faire berner par le cache-misère en vogue : le home staging.

Son prix doit être au pire aligné sur le marché, au mieux le plus en dessous possible du marché. Si le bien est en mauvais état, mais offre du potentiel, intégrez le prix des travaux dans vos calculs sans oublier de prévoir de la marge si les travaux s'avéraient finalement plus lourds ou plus longs que prévu. Intégrez dans vos calculs de l'incertitude : baisse de l'indice des loyers, durée d'inoccupation, loyers impayés, travaux collectifs (chaudière, ravalement ...) ou individuels (équipements hors d'état, fuites d'eau...), prévus ou imprévus, hausse des taxes, évolution des taux d'intérêt si votre crédit est à taux variable...

Dépensez ensuite un peu d'argent pour obtenir des conseils d'experts notamment pour déterminer la structure juridique, le régime fiscal, la stratégie d'optimisation fiscale, le régime de succession les plus appropriés. Un expert-comptable familier de l'immobilier, un notaire, un avocat fiscaliste font partie des experts que vous devriez consulter avant de vous lancer. Ils peuvent vous faire économiser beaucoup et vous éviter de nombreux pièges.

Trouvez de bons locataires avec l'aide de professionnels puis sélectionnez soigneusement les dossiers sur la base uniquement d'éléments objectifs, c'est-à-dire en laissant de côté toute émotion ou sentiment personnel. Vous faites du business et devez rester factuel. Utilisez un professionnel pour l'élaboration du contrat sans hésiter à le faire revoir par un avocat spécialisé avant toute soumission pour signature. L'avocat risque de remarquer des risques non pris en compte par l'agent immobilier.

Si vous n'êtes pas en mesure de gérer au quotidien votre bien (encaissement des loyers, intervention en cas de problème technique, tenue de la comptabilité...), faites appel à des professionnels et apprenez d'eux, soit pour économiser par la suite en faisant une partie du travail vous-même, soit pour être capable de comprendre ce qu'ils font et éviter ainsi de vous faire berner. En cas de litige, gardez contact avec le ou les avocat(s) que vous avez approchés précédemment. Si vous utilisez une agence immobilière, assurez-vous qu'elle dispose d'une structure adaptée à la gestion efficace des litiges. Et n'oubliez pas de souscrire une assurance couvrant les loyers impayés ainsi qu'un certain nombre de risques auxquels vous n'aurez pas toujours pensé.

Ne négligez pas les risques et anticipez-les, d'autant plus que vous avez opté pour la carte de l'effet de levier. Prévoyez toujours un matelas financier pour faire face à l'incertitude. Vous devez être capable d'absorber financièrement les périodes sans revenu de location, les travaux imprévus et autres charges exceptionnelles, les litiges divers et autres risques qui peuvent faire tourner votre investissement en fiasco, voire en enfer.

À moins que vous soyez déjà rodé en matière d'investissement immobilier, il vous faudra apprendre. Apprendre beaucoup. Cela vous demandera du temps et de l'argent, non pour dépenser, mais pour investir dans votre projet et dans vos capacités pour le mener à bien.

Conclusion

Vous souvenez-vous de l'introduction de ce livre ? Nous évoquions le chômage, le stress et la pénibilité du travail. Et nous finissons par évoquer un avenir dans lequel il est possible de se faire plaisir, de réaliser ses projets personnels, de vivre plus sereinement, de travailler pour soi et pour ceux que l'on aime.

C'est exactement ce que mon parcours m'a permis d'achever et c'est cette expérience que je voulais partager avec vous. Je ne peux pas vous garantir que mon expérience et les leçons que j'en ai tirées, notamment celles que je partage aujourd'hui avec vous, sont une recette universelle vers le succès. C'est impossible. J'espère néanmoins qu'elles sauront vous aider à protéger votre emploi, à progresser dans votre carrière et surtout vers la possibilité de vivre pleinement votre vie, sans ne plus la subir.

Beaucoup de points très divers ont été abordés dans ce livre. Certains diront probablement qu'il s'agit d'un « fourre-tout ». Et ils auront raison d'une certaine façon. Je me suis rendu compte que tous ces éléments forment un tout. S'il en manque un, c'est comme si vous oubliez un ingrédient majeur de votre recette : le plat sera probablement raté. Et tous ces éléments interagissent entre eux à l'instar des ingrédients de votre recette. Il y a un effet cumulé qui se produit et qui, à un certain stade, pas vraiment prévisible, vous fait décoller vers la réussite. Comment l'expliquer ? Je ne sais pas.

Ne vous faites pas de film sur l'entreprise et le monde qui nous entoure. Vivre dans une fiction vous endormira, ne vous empêchera pas de souffrir et surtout cela vous fera probablement passer à côté de votre vie. Ne vous endormez pas sur vos rêves. Ne les mettez pas de côté non plus. Au contraire, transformez-les en objectifs à atteindre. Ils deviendront ainsi un puissant moteur de motivation et de bonheur. Conscient de la réalité des choses, doté d'objectifs clairs, d'un solide état d'esprit, de compétences sans cesse augmentées et de temps, vous avez toutes les chances de votre côté pour réussir. Vous n'aurez plus besoin de seulement espérer, vous serez en mesure d'agir efficacement et cela fera toute la différence.

Vous aurez toutes les chances de votre côté pour sécuriser votre emploi, accéder à des postes davantage valorisants et rémunérateurs. Vous aurez également toutes les chances pour rendre possible cette indépendance financière si souvent évoquée, si souvent rêvée. Elle vous deviendra enfin accessible.

Vous redeviendrez maître de votre temps. Vous ne gaspillerez plus votre temps et en conséquence votre vie. Vous redeviendrez maître de votre vie. C'est un sentiment absolument unique qui fait basculer votre vie de l'insécurité vers la sérénité, la plénitude et la fierté de soi-même.

Si j'ai pu le faire, si d'autres ont pu le faire, vous pouvez le faire. Le parcours sera une véritable aventure. Vous allez subir des moments de joie, des périodes de démotivation, des moments difficiles, c'est certain. Plus d'une fois, vous voudrez abandonner, mais vous tiendrez. La sérénité, la plénitude et la fierté de soi-même se gagnent. Elles ne s'obtiennent ni par la chance, ni par l'espoir, mais seulement par l'action.

En lisant ce livre, vous avez accompli l'une de ces actions.

Il est maintenant temps pour vous de passer aux suivantes.

Soyez heureux. Je n'ai rien d'autre à vous souhaiter.

Bibliographie

Dalio, Ray, *Les Principes du Succès*, Valor, 2020

Schroeder, Alice, *Warren Buffett – La Biographie Officielle, L'Effet Boule de Neige*, Valor, 2010

Kiyosaki, Robert T., *Père Riche, Père Pauvre*, Un Monde Différent, 2017

Kiyosaki, Robert T., *Le Quadrant du Cash Flow*, Un Monde Différent, 2015

Buffett, Warren, *Les Écrits de Warren Buffett*, Valor, 2010

Branson, Richard, *Screw It, Let's Do It: Lessons In Life*, Virgin Books, 2006

Branson, Richard, *Like a Virgin: Secrets They Won't Teach You at Business School*, Portfolio, 2012

Churchill, Winston, *Mémoires de Guerre*, Tallandier, 2020

Aurèle, Marc, *Pensées pour Moi-même*, Flammarion, 1999

Sun Tzu, *L'Art de la Guerre*, Flammarion, 2017

Schopenhauer, Arthur, *L'Art d'Avoir Toujours Raison*, 2019

Van Vogt, Alfred E., *La Faune de l'Espace*, J'ai Lu, 2011

Isaacson, Walter, *Steve Jobs*, Le Livre de Poche, 2012

Belfort, Jordan, *Le Loup de Wall Street, Vendre : Le secret de ma méthode*, Talent, 2019

Arnault, Bernard, *La Passion Créative*, Plon, 2000

Orwell, George, *La Ferme des Animaux*, Folio, 2021

Impression :
BoD - Books on Demand,
In de Tarpen 42, Norderstedt
(Allemagne)

Great Midlands
PUBLISHING